99 GESCHÄFTSIDEEN

MARION VON KUCZKOWSKI

Impressum
Marion von Kuczkowski
Kontakt: mvk@tmta.de
Webseite: www.take-me-to-auction.de

Coverdesign © Trueffelpix - Fotolia.com

Lektorat: Claudia Heinen

ISBN-13: 978-1492320531

ISBN-10: 1492320536

Inhaltsverzeichnis

Vorwort

Gründungswillige suchen oft nach der Idee, die alles auf den Kopf stellt und noch nie da gewesen ist. Jahrelang warten sie auf die ultimative Eingebung oder tüfteln endlos an ihrer Idee, bis sich die Steine, die sie sich damit selbst in den Weg legen, zu einer unüberwindbaren Mauer aufgetürmt haben.

Dabei ist es oft viel einfacher, als man denkt.

Man muss das Rad nicht neu erfinden, man muss oft nur lernen, anders oder weiter zu denken, um es dann besser drehen zu können.

Können Sie sich vorstellen, dass man mit Müll ein kleines Vermögen verdienen kann oder dass es Menschen gibt, denen es gelingt, Birnen für 6 Euro das Stück zu verkaufen?

Haben Sie eine Idee, wie man Männer für Homeshopping-Partys begeistern kann?

Kennen Sie einen Arbeitslosen, der es mit seiner Idee in nur zehn Jahren geschafft hat, ein Unternehmen aufzubauen, das 60 Millionen Euro im Jahr Umsatz macht? Kennen Sie einen Menschen, der seine wahre Berufung erst als

Rentner gefunden und mit seiner unbedarften Herangehensweise an seine Idee die Profis ausgetrickst hat und sich nun im hohen Alter internationaler Berühmtheit erfreuen kann?

Es sind Geschichten wie diese, die uns begeistern und motivieren und uns zeigen, dass man es schaffen kann, wenn man bereit ist, über den Tellerrand hinwegzuschauen.

Schnell viel Geld zu verdienen, und das mit möglichst wenig Arbeit, kann dabei jedoch nicht das Ziel sein, denn in der Realität haben gute Geschäftsideen eines gemeinsam: Der Erfolg stellt sich nicht über Nacht ein, sondern ist das Ergebnis intensiver Recherche, fundierter Marktkenntnis und harter und disziplinierter Arbeit.

Lassen Sie sich von 99 Geschäftsideen aus unterschiedlichen Bereichen inspirieren, von Menschen, die Probleme erkannt und gelöst haben, von Menschen, die einer klassischen Idee das Sahnehäubchen aufgesetzt und damit die Konkurrenz abgehangen haben, und von Menschen, die den Mut hatten, sich den wedelnden Zeigefingern entgegenzustellen und etwas Neues zu wagen.

Lernen Sie Unternehmer kennen, die sich die besten Zutaten aus verschiedenen Ideen herauspicken und daraus ihr eigenes Süppchen kochen.

Treffen Sie Mitstreiter, die ihrem Leben mit wenig Kapital und viel Fleiß und Kreativität eine neue Richtung gegeben haben, und Menschen, die davon profitieren, dass sie anderen helfen oder ihnen eine Freude bereiten.

Nehmen Sie Anregungen aus anderen Ländern mit und lassen Sie die teilweise recht originellen Geschäftsideen auf sich wirken.

Tauchen Sie ein in die Welt einfallsreicher Unternehmer, staunen Sie, schmunzeln Sie, lassen Sie sich überraschen!

Handel & Vertrieb

Unter dieser Überschrift habe ich Geschäftsideen aus sehr unterschiedlichen Bereichen zusammengefasst. Die folgenden Ideen sollen Impulse liefern, was alles jenseits des klassischen Handels möglich ist.

Tupperpartys für Frauen kennt jeder, aber wer war schon einmal auf einer Shopping-Party für Männer, die sich deutlich von der klassischen Homeshopping-Party für Frauen unterscheidet?

Mit Shoppen Geld zu verdienen ist ein Traum vieler Frauen, der wahr werden kann.

Shops, die Schmuck verkaufen, gibt es viele, aber Schmuck aus Büchern stellt nur einer her, und manche denken etablierte Ideen einfach einen Schritt weiter.

Lassen Sie sich inspirieren:

Nischenprodukte in limitierter Auflage

Der Gadgetshop Grand St. verkauft Nischenprodukte in limitierter Auflage und vereint damit gleich zwei gute Geschäftsideen.

Nischenprodukte anzubieten, die es eben (noch) nicht bei eBay, Amazon und in anderen großen Shops gibt, ist an sich schon einmal eine sehr gute Strategie und diese Produkte dann auch noch in limitierter Auflage anzubieten, ist eine perfekte Taktik.

Der Shop hat nur sehr wenige Angebote online und kommt damit ohne große Lagerkapazitäten aus, zudem ist das Risiko, dass Produkte zum Ladenhüter werden, überschaubar, weil sie von vornherein nur in geringen Mengen eingekauft werden.

Die angebotenen Produkte sind handverlesene Produkte kleiner, unabhängiger Hersteller, die das Team hinter Grand St. selbst getestet und für gut befunden hat.

Das Angebot wechselt regelmäßig und wer eines der Gadgets kaufen will, muss schnell sein.

Aktuell im Angebot - aber sicher schon ausverkauft, wenn Sie dieses Buch in der Hand halten - ist ein „Camping-Stromkochtopf“, eine Art Kochtopf, mit dem Sie Strom erzeugen können, um ihre USB-Geräte aufzuladen.

Perfekt also für Camper, Backpacker oder Menschen, die aus anderen Gründen gerade nicht auf Strom zurückgreifen können.

Einige der angebotenen Produkte stammen von Herstellern, die das Produkt über Kickstarter - eine amerikanische Crowdfunding-Plattform - finanziert haben.

Hier könnte man also z. B. Hersteller für einen deutschen Onlineshop finden, der Nischenprodukte anbieten will, die es (noch) nicht an jeder Ecke gibt.

Webseite: https://grandst.com/

http://www.kickstarter.com/

Kleine Mengen als Nische

Viele Produkte gibt es in Geschäften und Onlineshops nicht in Kleinmengen zu kaufen.

Brauche ich für ein Rezept z. B. eine Prise Chiliflocken, muss ich im Supermarkt einen ganzen Beutel kaufen.

Ich kann mich daran erinnern, dass ich einmal ein Rezept nachkochen wollte und keine einzige Zutat zu Hause hatte.

Als meine Einkaufsliste abgearbeitet war, standen fast 40 Euro auf dem Kassenzettel, weil ich für jede noch so kleine benötigte Gewürzmenge die ganze Packung kaufen musste.

Um es kurz zu machen - das Gericht war sehr exotisch, aber auch ungenießbar und die meisten Gewürze, die ich nun zu Hause hatte, habe ich nie wieder eingesetzt und irgendwann entsorgt.

Just Spices hat dieses Problem erkannt und verkauft Gewürze nach Gramm.

Ein Gramm Paradieskörner für 0,16 Euro - da probiert man doch auch gerne einmal etwas Neues aus.

Auch der Zuckerbäcker hat diese Nische erkannt.

Wie früher im Tante-Emma-Laden können die Kunden sich ihre Zuckertüte selbst zusammenstellen: Colaschnuller, Brause-Ufos, süße Uhren, Blumenlollis - das süße Sortiment lässt bei Naschkatzen Kindheitserinnerungen aufleben, wenn man sich seine eigene Zuckertüte zusammenstellt.

Auf der Suche nach Produkten, die in kleinen Mengen nachgefragt sind, habe ich bei Google entdeckt, dass viele nach „Heizöl in kleinen Mengen“ suchen, es aber kaum Anbieter gibt, die diese Nachfrage auch bedienen.

Und es gibt sicher viele weitere Produkte, die sich dafür eignen, in Kleinstmengen angeboten zu werden.

Webseite: http://www.justspices.de/

http://www.der-zuckerbaecker.de/

Lokaler Onlineshop

Es gibt verschiedene Gründe, warum Menschen gerne lokal einkaufen. Möglich, dass sie lieber Äpfel haben möchten, die nicht erst quer durch Europa gefahren werden müssen, oder vielleicht sind sie einfach auch nur heimatverbunden und wollen ihre Region unterstützen und so kann ein

Onlineshop, der sich auf regionale Produkte spezialisiert hat, durchaus eine Nische besetzen.

In den USA gibt es z. B. den Shop withlovefrombrooklyn, der konsequent ausschließlich Produkte aus Brooklyn verkauft. Neben Lebensmitteln findet der Kunde liebevoll zusammengestellte Geschenksets, aber auch Kunst und Kitsch.

Ein Onlineshop withlovefromberlin/New York/Paris/Tokio würde neben den Lokalpatrioten auch Touristen zum virtuellen Shoppingbummel anziehen.

Ein solcher Shop kann - muss sich aber nicht - spezialisieren auf Mode, Kunst oder andere Kategorien.

Webseite:
http://www.withlovefrombrooklyn.com/

Personalisierte Spiele

Es gibt mehrere Anbieter, die z. B. Spielkarten oder Puzzles mit persönlichen Fotos verkaufen, aber es gibt bis jetzt nur einen Anbieter, der einen Schritt weiter gegangen ist und nicht nur Spielkarten mit persönlichen Bildern liefert, sondern tatsächlich auch personalisierte Klassiker anbietet.

So können z. B. bei „Mensch Ärgere Dich nicht“ nicht nur das Spielbrett, sondern auch die Figuren mittels 3-D-Technik personalisiert werden und sind dann ein Abbild des Spielers.

Wolfram Kosch und Saveen Krishnamurthy, die Gründer hinter luudoo haben einfach weiter gedacht als die anderen Anbieter, die bereits personalisierte Spiele verkaufen.

Der Markt für personalisierte Produkte wächst unaufhaltsam, und wie dieses Beispiel zeigt, ist

abseits der bisher etablierten Produktpersonalisierungen noch einiges an Luft nach oben.

Man sollte sich also ruhig immer wieder die Frage stellen, ob man etablierte, erfolgreiche Geschäftsideen weiterentwickeln kann.

Man muss das Rad nicht immer komplett neu erfinden.

Webseite: http://luudoo.de/

Duftkerzen im Glas mit Überraschungseffekt

Ein Berliner Unternehmen hat eine dufte Idee umgesetzt und verkauft Duftkerzen mit Überraschungseffekt.

Ist die handgefertigte Duftkerze abgebrannt, kommt ein in Alu verpackter Ring oder ein Paar Ohrringe aus 925 Sterlingsilber zum Vorschein.

Bei Preisen von 16,95 bis 24,95 Euro ist die Kerze nicht nur ein schönes Geschenk, sondern auch eine Überraschung, die einige sich auch selber gönnen werden.

Und wer Glück hat, findet sogar ein Schmuckstück mit einem Wert von bis zu 250 Euro in seiner Kerze. Das erhöht den Anreiz natürlich weiter.

Die Kerzen selbst tragen verheißungsvolle Namen wie Erdbeer-Cupcake, Kuschel-Kerze oder Kokos-Traum und werden auf der Webseite überaus gekonnt in Szene gesetzt.

10-15 Stunden brennen die Kerzen, erst dann kommt das Schmuckstück zum Vorschein, insgesamt brennen die Kerzen bis zu 150

Stunden lang und verströmen den ausgewählten Duft.

Juwelkerze hat damit eine Idee umgesetzt, die es so in dieser Form vorher nicht gegeben hat, und besetzt damit eine Nische, die begeisterte Fans gefunden hat.

Webseite: http://www.juwelkerze.de/

Überraschungen

Früher gab es Wundertüten, heute gibt es ganze Überraschungspakete, und die haben eine große Fanbase.

2011 starteten Charles von Abercron und Brigitte Wittekind das Unternehmen Glossybox.

Kunden können dort für 15 Euro eine Beautybox mit fünf Kosmetik- und Pflegeprodukten in Original- oder Reisegrößen kaufen.

Der Inhalt bleibt eine Überraschung.

2013 veröffentlicht Glossybox die Zahlen: In weniger als zweieinhalb Jahren hat Glossybox vier Millionen dieser Überraschungspakete verkauft. Glossybox ist derzeit in 15 Ländern in drei Kontinenten aktiv und hat rund 300 Mitarbeiter.

Es gibt Beauty-Boxen für Männer und Jugendliche sowie thematische Boxen (Hochzeit, Muttertag).

Hinter Glossybox stehen natürlich namhafte Investoren, die diesen sensationellen Erfolg erst ermöglicht haben, aber der Erfolg zeigt, dass es einen Markt für Überraschungen gibt.

Es müssen ja keine Beautypakete sein.

Wichtig ist dabei nur, dass die Kunden von den Produkten überwiegend begeistert sind, damit sie auch erneut einkaufen.

Glossybox bietet sogar 3- bis 12-Monats-Pakete an, die im Abo bestellt werden können und sichert sich so im Voraus den Umsatz.

Das funktioniert nur, wenn die Kunden das Produkt lieben!

Ladenhüter in die Kiste werfen und abschicken wird also auf Dauer nicht funktionieren.

Wichtig ist es, den Käufern Wertigkeit zu vermitteln, sodass er auch dann nicht enttäuscht ist, wenn die Überraschung nicht seinem persönlichen Geschmack entspricht und das fängt schon bei der liebevollen und exklusiven Verpackung an.

Glossybox setzt genau das perfekt um und die Zahlen belegen, dass das der richtige Weg ist.

Ein anderes Beispiel habe ich in den USA gefunden:

Für 10 Dollar werden von Somethingstore Überraschungspakete verschickt, in denen alles Mögliche enthalten sein kann.

Ein cooles Gadget, ein seltenes Buch, eine handgemachte Kette oder Ohrringe, ein Küchengerät oder ein Gartenwerkzeug, vielleicht auch etwas für Ihr Büro oder etwas zum Naschen.

Auch hier wird Wert auf Qualität gelegt, denn schließlich sollen die Kunden zu Stammkunden werden.

In den vergangenen sechs Jahren hat Somethingstore weltweit über 125.000 Überraschungspakete verschickt, das sind fast 21.000 Stück pro Jahr und das, obwohl sie keine klare Zielgruppe haben.

Überraschungsboxen könnte man für verschiedene Zielgruppen anbieten - einmalig oder im Monatsabo, und der Markt ist nicht nur für Gründer, sondern auch für existierende

Unternehmen interessant. Die Parfümerie Douglas bietet z. B. Überraschungsboxen für 10 Euro an - allerdings steht immer nur eine begrenzte Anzahl an Abos zur Verfügung. Seit Wochen können keine neuen Abos abgeschlossen werden und so muss der interessierte Kunde immer wieder auf die Webseite von Douglas gehen, um nachzusehen, ob ein Abo frei geworden ist.

Die Drogeriekette DM bietet Überraschungsboxen an, die im Internet bestellt werden können und im Drogeriemarkt vor Ort abgeholt werden müssen. Natürlich wird der Kunde in der Regel weitere Produkte im Geschäft kaufen.

Hier stehen also viele Möglichkeiten offen.

Webseiten: http://www.glossybox.de/

http://www.somethingstore.com/

Plattform für Jungdesigner und Mode in der Überraschungsbox

Die französische Plattform carnet de mode verfolgt gleich mehrere interessante Ansätze, über die es sich nachzudenken lohnt.

Junge Designer können bei carnet de mode ihre Modelle dem Publikum vorstellen und erst wenn sich genügend Interessenten gefunden haben, wird das Modell produziert.

Damit wird für die Jungdesigner das Risiko überschaubar, denn sie gehen erst dann in die Produktion, wenn sie abschätzen können, wie viele Stückzahlen in welchen Größen gekauft werden.

Designer, die sich bereits etabliert haben, können ihre Kollektion zu regulären Preisen im Online-Shop anbieten.

Zusätzlich bietet carnet de mode für unschlagbare 29 Euro ein Überraschungspaket mit exklusiven Accessoires im Wert von 50 bis 100 Euro an. Das kann ein Gürtel, modischer Schmuck oder ein erlesenes Tuch eines Jungdesigners sein. Mit dem Kauf dieser Überraschungsbox werden die Jungdesigner unterstützt und die Kundin erhält ein Accessoire, das es nicht an jeder Ecke gibt.

Insgesamt steht hinter carnet de mode ein rundes Konzept, das sich von herkömmlichen Modeshops erfrischend abhebt.

Nicht nur, dass Jungdesignern eine Plattform geboten wird, die sie sonst nicht hätten, auch Kundinnen entdecken neue Labels, die sie nie kennengelernt hätten.

Das Konzept wäre auch auf viele Modebereiche wie Wäschedesigner, Schmuckdesigner, Abendkleiddesigner und natürlich insgesamt auch auf deutsche Jungdesigner übertragbar.

Webseite: http://www.carnetdemode.com/

Geschmack ist relativ

2009 hatten drei Freunde einen lustigen Abend und einer der drei erzählte den anderen beiden, dass er seit vielen Jahren die Domain uglychristmassweaterparty - was so viel bedeutet wie Hässliche-Weihnachtspullover-Party - besitzt.

Aus der Laune heraus beschlossen die drei, tatsächlich einige hässliche Weihnachtspullover auf dieser Seite anzubieten, und sie amüsierten sich darüber, wie es wäre, wenn tatsächlich jemand einen solchen hässlichen Pullover kaufen würde.

Von Verwandten und Freunden haben sie 60 hässliche Weihnachtspullover eingesammelt und die waren zum Erstaunen aller Beteiligten nach kurzer Zeit ausverkauft.

Sie blieben dran und das war die richtige Entscheidung.

Bis heute haben sie mehrere Tausend Pullis verkauft - Pullover, die sie günstig per Kilo einkaufen - vermutlich, weil die Hersteller keine andere Chance mehr sehen, sie loszuwerden.

Aus dem „Spaßgeschäft" wurde ein erfolgreiches Unternehmen und sie behalten ihr Geschäftsmodell konsequent bei, was die Auswahl der angebotenen Modelle eindrucksvoll bestätigt.

Ich könnte mir durchaus vorstellen, dass eine Plattform für „Hässliches" auch in Deutschland eine Chance hätte.

Bei eBay z. B. sind oft gerade hässliche Artikel der absolute Renner.

Vor Kurzem hatte eine Braut ihren Hochzeitskuchen bei eBay eingestellt, der wie drei aufeinandergeschichtete Autoreifen aussah. Diese Auktion war der Renner im Netz - nicht zuletzt deshalb, weil viele internationale Medien darüber berichtet haben.

Hässlich kann ja gerade auch faszinierend sein, weil es eben außergewöhnlich ist.

Und nicht zuletzt: Was der eine hässlich findet, hat der andere schon lange gesucht.

Webseite:
http://www.uglychristmassweaterparty.com/

Shopping-Partys für Männer

Die meisten Frauen lieben Shoppingtouren in allen Variationen und so ist es nicht verwunderlich, dass sich Homeshopping-Partys wie Tupperpartys, Kerzenpartys oder Dessouspartys längst etabliert haben.

Männer genießen den Ruf, nicht gerne einkaufen zu gehen, und damit fliegen sie für die typischen Homeshopping-Partyveranstalter unter Radar.

Dabei sind Männer oft viel großzügiger als Frauen, wenn sie denn einmal einkaufen gehen.

Mit einer Shoppingparty zu Hause wird man jedoch kaum einen Mann locken können, aber eingebettet in ein Pokerturnier, eine Grillparty oder ein Sportevent kann das anders aussehen.

Und so hat das Unternehmen ManCave den Mann als Shoppingparty-Opfer ins Visier genommen und das mit Erfolg.

Auf den Grillpartys kann neben Fleisch und Würstchen auch Grill- und Partyzubehör gekauft werden. Der Veranstalter erhält eine Provision von 35 %.

Und so haben die Männer beim Grillen ihren Spaß und ganz nebenbei wird das Zubehör für die nächste Grillparty bestellt.

Besonders schlau natürlich, dass es auch Angebote für den kulinarischen Grillgenuss gibt.

So werden auch viele von denen zuschlagen, die sich sonst damit herausreden könnten, schon alles für den nächsten Grillabend zu haben.

Frisches Fleisch und Würstchen kann man(n) schließlich immer gebrauchen.

Webseite: www.mancaveworldwide.com

Krawatten im Abo leihen

Im Laufe der Jahre sammeln sich in den Kleiderschränken von Männern so einige Krawatten an und viele davon gehören längst in den Altkleidersack.

Aber es gibt natürlich auch scharenweise Männer, die eine große Auswahl an Krawatten benötigen, und wirklich preiswert sind gute Krawatten nicht.

In den USA gibt es einen Krawattenverleih, bei dem man Designerkrawatten von Burberry, Armani, Hermès und anderen Top-Designern im Monatsabo leihen kann.

Eine Krawatte für aktuell 10,95 Dollar, 5 Stück für 29,95 Dollar oder 10 Stück für 49,95 Dollar.

Man kann sie so lange behalten, wie man möchte, und zahlt dann den monatlichen Preis. Schickt man sie zurück, bekommt man(n) im Austausch eine neue Krawatte.

Eine Geschäftsidee, die auch in Deutschland funktionieren würde und durchaus auch ausbaufähig und für andere Produkte wie z. B. Manschettenknöpfe geeignet wäre.

Webseite: www.tiesociety.com

Mit Shoppen Geld verdienen

Ich bin immer wieder erstaunt, welche Preise deutsche Lebensmittel wie Kinderschokolade, Tütensuppen oder Milka bei eBay in den USA erzielen.

Es gibt eben doch vieles, was deutsche Auswanderer in den USA vermissen.

Aber es gibt in Deutschland tatsächlich viele Produkte, die es in den USA nicht oder nicht in der gewünschten Ausführung gibt, und hier setzt die Idee an:

Ein Einkaufsservice, bei dem Amerikaner deutsche Produkte bestellen können, ein persönlicher Shoppingassistent sozusagen, der in Deutschland für die Amerikaner einkaufen geht und ihnen dann die Ware zuschickt.

Nun könnte man argumentieren, dass man heute fast alles im Netz bestellen kann, aber nicht jeder Onlineshop verschickt international und man mag es kaum glauben, aber gerade im Lebensmittelbereich gibt es nicht alle Produkte online zu kaufen.

Dazu kommt, dass die Wunschzettel verschiedene Produkte von Lebensmitteln über bestimmte Kosmetikprodukte bis hin zu Waschlappen oder Eierbechern umfassen können, die bei mehreren Onlineshops bestellt werden müssten, sodass sich hier die Versandkosten in die USA summieren.

Ein Einkaufsservice könnte die Bestellung komplett in einem Paket verschicken.

Der Vorteil ist, dass man kein eigenes Lager unterhalten muss, weil die Ware nur auf Bestellung gekauft wird.

Vor dem Start muss man sich selbstverständlich intensiv mit allen Einfuhr- und Zollbestimmungen auseinandersetzen. Nicht jedes Produkt, das wir als völlig unproblematisch einstufen würden, darf in die USA eingeführt werden.

Die Idee ist nicht nur auf den amerikanischen Raum beschränkt.

Überall auf der Welt gibt es Nachfrage nach bestimmten deutschen Produkten, die es eben nur in Deutschland gibt.

Denkt man an die mit Tüten bepackten Touristen aus Japan und China, die deutsche Kaufhäuser beglücken, könnte das ein Hinweis darauf sein, dass auch hier ein Marktpotenzial vorhanden wäre.

Retro-Gameshop in Tokio

Das Super Potato in Tokio ist das Gamerparadies schlechthin.

Versteckt im Stadtteil Akihabara finden die Nerds den Weg zum Fahrstuhl, der sie in den dritten Stock fährt, dennoch.

Hier finden sie alles, was das Retro-Herz begehrt.

Die legendäre Nintendo-Spielkonsole aus den frühen Achtzigern, 8- und 16-Bit-Konsolen und die passenden Spiele dazu, Sega Mega Drives, "Game & Watch"-Handhelds, dem Vorläufer des Gameboys, findet man dort ebenso, wie Geräte, die offiziell nie in Europa verkauft wurden, wie der WonderSwan, der dem Gameboy Color von Nintendo Konkurrenz machen sollte.

Mehr als 50.000 alte Spiele stehen in den Regalen und laden den Besucher zu einer Zeitreise in die Vergangenheit ein.

Gameboy-Spiele gibt es schon ab 0,50 Euro, seltene Spiele können aber auch schon einmal hundert Euro und mehr kosten.

Natürlich kann man viele dieser Dinge auch bei eBay kaufen, aber man kann nicht stöbern, sie anfassen und in den Erinnerungen an die 80er-Jahre schwelgen.

Wenn man dann noch anbietet, dass die Kunden vor Ort mit ausgewählten Spielen spielen dürfen, sollte ein solches Geschäft auch in Deutschland gut laufen.

Als große Herausforderung wird sich jedoch die Beschaffung der Retro-Games herausstellen, allerdings ist es zu schaffen, wie das Beispiel Super Potato zeigt.

Schmuck aus Büchern

Beherrscht man eine gefragte Disziplin, die andere nicht beherrschen, wird es einfach, damit Geld zu verdienen.

Der Engländer Jeremy May hat zwei Jahre an seiner Disziplin gefeilt und sie Stück für Stück perfektioniert.

Er stellt Schmuck aus Büchern her und schafft mit jedem Schmuckstück ein einzigartiges Unikat.

2007 hat er seiner Frau aus ihrer Lieblingszeitung einen Ring zum Hochzeitstag gebastelt, heute bestellen Kunden aus der ganzen Welt bei ihm.

Oft suchen sich die Kunden ihr Lieblingsbuch aus und in Absprache mit dem Kunden entsteht dann die Idee für die Kette, den Ring, das Armband oder die Ohrringe.

Im ersten Arbeitsschritt fertigt der Schmuckdesigner eine Schablone an und schneidet jede Seite einzeln mit dem Skalpell aus, so entsteht eine Höhle, die später dem fertigen Schmuckstück als Schmuckschatulle dient und das Ganze sehr authentisch macht.

Die größte Herausforderung war das Verkleben der einzelnen Seiten, aber auch diese Herausforderung hat er im Lauf der Zeit gemeistert.

Hat das Schmuckstück den kompletten Herstellungsprozess durchlaufen, ist es hart wie Holz und vor allem wasserfest.

Seine Schmuckstücke sind wahrlich atemberaubende Meisterwerke und so ist es nicht verwunderlich, dass seine Werke auf Ausstellungen rund um den Erdball vertreten sind.

Diese Idee zeigt eindrucksvoll, wie hartnäckige Ausdauer zum Erfolg führen kann.

In den zwei Jahren hat Jeremy May sicher viele Rückschläge einstecken müssen und immer wieder an der Perfektionierung gearbeitet, aber der Aufwand hat sich gelohnt.

Webseite: http://littlefly.co.uk/

eBay & Co

eBay Deutschland hat 18 Millionen aktive Mitglieder und ständig mehr als 50 Millionen Artikel in über 50.000 Kategorien im Angebot.

Laut AGOF internet facts 2013-04 erreicht eBay 48,4 Prozent aller Internetnutzer.

eBay ist eine Wirtschaftsmacht, die ein Unternehmer, der im E-Commerce angesiedelt ist, nicht unterschätzen sollte.

Ich bin seit 1999 bei eBay aktiv, war fünf Jahre lang externe Trainerin für die eBay Universities und IHK-Workshops und berate seit 2002 Unternehmen und Powerseller bei ihren eBay-Aktivitäten.

Auch wenn die Goldgräberstimmung in den letzten Jahren nachgelassen hat, so kann ich Ihnen aus Erfahrung versichern, dass man auch heute noch viel Geld mit eBay verdienen kann, allerdings nur dann, wenn man bereit ist, auf höchstem Niveau zu arbeiten.

Vor zehn Jahren konnte man sagen, wer nichts schafft, schafft es vielleicht bei eBay. Heute könnte man fast sagen: Wer es bei eBay schafft, schafft es überall.

Hier stelle ich Ihnen einige Beispiele von aktiven eBay-Mitgliedern vor, die es geschafft haben, und zum Schluss folgt eine Idee, die an eBay anlehnt und doch so anders ist und viel Potenzial mit sich bringt.

Mit 1000 Euro Startkapital zu einem der größten Lego-Händler der Welt

Christoph Blödner aus Dresden kauft gebrauchte Legosteine, arbeitet sie auf, setzt sie dann als Sets zusammen und verkauft sie anschließend weiter.

Er ist in mehr als 50 Ländern aktiv und macht einen Umsatz von rund einer halben Million Euro im Jahr, hat aber bereits die Millionengrenze anvisiert.

60 % seines Umsatzes macht er im Ausland, die meisten Abnehmer findet er in Italien, gefolgt von Australien.

Er kauft die Legosteine kiloweise bei eBay, steckt sie dann in die Waschmaschine und sortiert sie nach Farben, Formen und Größen – bei knapp 12.000 verschiedenfarbigen Varianten von 2000 Grundsteinen ist das keine Aufgabe, die man mal so eben nebenbei erledigen kann.

Rund 40.000 Steine trudeln täglich bei ihm ein und werden von ihm, vier Angestellten und 46 Hilfskräften sortiert. Auf 400 qm lagert

Christoph Blödner mehrere Millionen Legosteine.

Verkauft werden die Steine zum Teil auch wieder bei eBay und auf der Legobörse BrickLink, auf der Legosteine weltweit gehandelt werden.

Am meisten verdient er mit alten Retrosets, die im Handel längst nicht mehr verfügbar sind.

Er nutzt eBay also nicht nur zum Verkauf, sondern auch zum Einkauf und profitiert von eBay als weltweitem Handelsmarktplatz.

Neben ihm gibt es weitere Legohändler, die ein ähnliches Geschäftsmodell verfolgen, aber es würden sich auch andere Produkte finden lassen, die man zu Kilopreisen kaufen und dann neu sortieren kann. Eine dieser Ideen wäre z. B. der Handel mit gebrauchten Büchern.

Webseite: http://www.bricksy.com

Vom Arbeitslosen über eBay zum Unternehmer mit 600 Mitarbeitern

Christian Wegner, ein Name, den viele sicher nicht kennen, sein Unternehmen kennen vermutlich einige:

Momox - der Ankaufservice für gebrauchte Bücher, Spiele, CDs und DVDs.

Die Geschichte beginnt im Jahr 2003. Der damals arbeitslose Christian Wegner fand bei einem Kreuzberger Trödler einige Bücher, die für ihn wertvoll aussahen. Spontan kaufte er sie und stellte sie bei eBay ein.

Mit Erfolg! An die Titel der Bücher kann er sich nicht mehr erinnern, wohl aber daran, dass sie das 10-fache seines Einsatzes einbrachten.

Trotz des relativ geringen Startkapitals von nur 1500 Euro beschloss er den Wechsel von der Arbeitslosigkeit in die Selbstständigkeit. Zunächst konzentrierte er sich auf den An- und Verkauf von Büchern, später kamen dann CDs und DVDs dazu. Anfangs war eBay seine Haupteinnahmequelle, später entdeckte er auch Amazon als lohnende Verkaufsplattform.

Schnell wurde ihm klar, dass er die Bücher nicht länger einzeln kaufen konnte, und fing damit an, bei eBay ganze Sammlungen zu kaufen, um die Bücher dann einzeln wieder zu verkaufen.

Auch diese Strategie geriet schnell an die Grenzen und so wurde 2006 die Idee geboren, eine Online-Plattform zu gründen, um gebrauchte Bücher, CDs und DVDs anzukaufen.

2012 machte das Unternehmen Momox dann bereits 60 Millionen Euro Umsatz und beschäftigte 600 Mitarbeiter!

Momox verkauft die Bücher nach wie vor über eBay und Amazon, hat aber auch eine eigene Plattform Medimpos, auf der die Bücher verkauft werden. Wie schon das Beispiel mit den Legosteinen gezeigt hat, ist der An- und Verkauf von Gebrauchtware noch immer ein lohnender Markt und er wird es bleiben.

Viele Menschen haben keine Lust oder keine Zeit ihre Artikel einzeln bei eBay & Co einzustellen und bieten sie als Komplettpaket an, das ein guter Verkäufer in Einzelteile zerlegt erneut verkaufen kann.

Wer hier das richtige Händchen hat, kann daraus ein florierendes Geschäft machen.

Webseite: http://www.momox.de

An- und Verkauf von Secondhand-Designermode

2004 bei eBay gestartet, verkauft das Unternehmen Secondherzog heute bei eBay über 10.000 Artikel im Monat und hat sich zum größten deutschen Händler für Luxus-Secondhand-Mode gemausert.

Gerade im Luxus-Designerbereich wollen viele Kunden nicht selbst in einen Secondhand-Shop gehen und dort beim Verkauf der abgetragenen Kollektion vielleicht auf ihre Nachbarin treffen.

Selbst bei eBay zu verkaufen ist auch nicht jedermanns Sache, weil es Zeit und manchmal auch Nerven, aber vor allem Marktkenntnis erfordert, um gute Preise zu erzielen.

Genau hier hat Secondherzog angesetzt und bietet den unkomplizierten Ankauf gebrauchter Designermode direkt über das Netz an. Die Kundin kann ihre Ware entweder in einer von mittlerweile drei Filialen in Berlin, München oder Hamburg abgeben und bekommt anders als in den klassischen Secondhand-Geschäften sofort Bargeld, oder sie schickt die Ware per Post an das Unternehmen und bekommt dann ebenfalls sofort Bargeld und muss sich um nichts mehr kümmern.

Angenommen werden Damen- und Herrenmode, Accessoires, Handtaschen und Schuhe von bekannten Designermarken.

Secondherzog muss sich keine Sorge um die Warenbeschaffung machen, denn die Ware kommt direkt zu ihm ins Haus.

Mittlerweile kauft das Unternehmen auch Restposten, Überhänge und B-Ware von anderen Unternehmen auf.

Das Unternehmen ist im Laufe der Jahre langsam gewachsen und heute die erste Anlaufstelle für diejenigen, die Mode gegen Cash verkaufen wollen. Mehr als 70 Mitarbeiter beschäftigt Secondherzog heute und das Unternehmen wächst von Jahr zu Jahr weiter.

Wenn die Kunden mit dem Ankaufspreis zufrieden sind, kommen sie im nächsten Jahr wieder und empfehlen das Unternehmen weiter.

Gerade eBay bietet sich für solche Unternehmen nach wie vor aus verschiedenen Gründen an:

eBay hat mehr als 18 Millionen aktive Nutzer in Deutschland, hinzu kommen Käufer aus dem

Ausland. Damit ist die Zielgruppe natürlich sehr viel größer, als ein lokaler Secondhand-Shop jemals erreichen könnte.

In den aktuell über 3000 aktiven eBay-Angeboten macht Secondherzog in jedem Angebot Werbung für den Ankauf von Designermode und trifft damit exakt auf die Zielgruppe, denn wer Designermode im Netz kauft, ist auch ein potenzieller Verkäufer von Designermode und damit sichert sich Secondherzog den benötigten Waren-Nachschub.

Das Konzept hat nur einen Nachteil. Es ist sehr zeitaufwendig. Einige Artikel müssen möglicherweise vor dem Verkauf aufbereitet, d. h., gewaschen und gebügelt werden, jeder Artikel muss einzeln fotografiert, vermessen und genau beschrieben werden. Dazu kommt dann die klassische eBay-Arbeit wie die Kommunikation mit Kunden und der Versand.

Es ist ein Modell, das man nicht schnell einmal nebenher aufziehen kann, wenn man langfristig am Markt bestehen will. Geht man es allerdings professionell an, funktioniert es, wie das Beispiel eindrucksvoll zeigt.

Webseite: http://www.secondherzog.de/

eBay-Geschäftsidee: hier ein cleveres eBay-Geschäftsmodell

Die Re-Commerce-Branche boomt und während sich die meisten Anbieter den Kuchen im Bereich gebrauchter Elektronik und gelesener Bücher aufteilen, besetzt ein cleverer Unternehmer eine weitere Nische und kauft ausschließlich getragene Schuhe und Handtaschen an, die er dann bei eBay weiterverkauft.

Auf den ersten Blick funktioniert das Re-Commerce-Modell wie alle anderen.

Der Kunde gibt auf der Plattform xanaroo.de die Marke, den Typ (Stiefel, Ballerinas etc.), Farbe, Größe, Zustand usw. ein und bekommt dann den Preis angezeigt, den der Anbieter für die getragenen Schuhe oder die gebrauchte Handtasche zahlen würde.

Und jetzt wird es clever:

Der Plattformbetreiber lässt die Kunden die Bilder von den Schuhen und Handtaschen machen, die sie dann hochladen müssen.

Mit etwas Marktkenntnis kann der Plattformbetreiber dann einschätzen, wie hoch die Verkaufschancen bei eBay wären, und ein entsprechendes Angebot machen.

Wird der Ankauf akzeptiert, verpflichtet sich der Kunde, die Ware innerhalb von 2 Werktagen zu verschicken.

Und was passiert nun?

Unmittelbar, nachdem der Kunde das Bild hochgeladen hat, wandert der Artikel mit dem Bild, das der Kunde von dem Artikel gemacht hat, zu eBay und wird dort für 10 Tage angeboten.

Abgesichert durch die AGB erhält der Kunde erst 10 Tage nach der elektronischen Erfassung, also 10 Tage nach Wareneingang, den vereinbarten Kaufpreis erstattet und genau das ist clever.

Der Plattformbetreiber lässt die Kunden die Fotos machen und die Artikelmerkmale ausfüllen, stellt die Schuhe bei eBay ein und wenn er sie nach 10 Tagen nicht verkauft hat, schickt er sie einfach wieder zurück.

Bis auf die Versandkosten entstehen ihm dadurch keine Kosten und er muss kein Lager unterhalten.

Bei guter Marktkenntnis sollte er eine hohe Abverkaufsquote haben, sodass sich die Versandkosten im Rahmen halten.

Das Modell funktioniert natürlich nur, wenn die Kunden die Schuhe auch tatsächlich innerhalb von 2 Tagen verschicken, sodass sie zum Angebotsende auch wirklich verfügbar sind, sonst drohen ihm negative Bewertungen bei eBay.

Das sichert er jedoch doppelt ab. Zum einen muss der Artikel innerhalb von spätestens 7 Tagen nach Aufforderung zum Versand eingegangen sein, sonst zieht er sein Kaufangebot zurück. So bleibt ihm Zeit, das eBay-Angebot rechtzeitig zu beenden, wenn die Schuhe nicht pünktlich eintreffen. Zum anderen wird eine Aufwandsentschädigung von 75 Euro fällig, wenn die Schuhe oder die Handtasche nicht rechtzeitig eintreffen.

Wie man an seinen Bewertungen sehen kann, funktioniert sein Modell nicht immer reibungslos, vermutlich weil er zum Auktionspreis auch einen Sofort-Kaufen-Preis ausruft, und das ist natürlich gefährlich, wenn er die Schuhe noch gar nicht vor Ort hat.

Die daraus resultierenden negativen und neutralen Bewertungen lässt er sich jedoch mit 75 Euro bezahlen und dann werden auch einmal

Brillenputztücher kostenlos angeboten, um die schlechten Bewertungen wieder auszugleichen und den Top-Verkäufer-Status zu erhalten.

Während die Ankaufseite professionell gemacht ist, ist der eBay-Auftritt stark optimierungsbedürftig und könnte deutlich besser werden. Insgesamt müsste man noch etwas an einigen Schrauben drehen, aber grundsätzlich ist die eBay-Geschäftsidee schon sehr clever.

Und es gibt natürlich neben Schuhen und Handtaschen viele weitere Nischen, die besetzt werden könnten und die sich möglicherweise sogar besser eignen würden.

Webseite: https://www.xanaroo.de/

Erfolgreich bei eBay mit einer eigenen Marke, die es nur bei eBay gibt!

Bei eBay gibt es immer wieder Beispiele, wie man mit einer eigenen Marke, die man ausschließlich bei eBay verkauft, erfolgreich werden kann.

So gehört der eBay-Verkäufer "Golden6_de " zu den umsatzstärksten eBay-Verkäufern im Bereich "High Heels" und das mit einer Marke, die er ausschließlich bei eBay anbietet und die man im Netz auch in keinem anderen Shop findet: Giaro.

Die Marke Giaro wurde also offensichtlich ausschließlich für den Verkauf auf eBay entwickelt und wie man sieht: mit großem Erfolg!

Der Vorteil bei einer eigenen eBay-Marke ist natürlich der, das man sich in keine Preiskämpfe mit dem Wettbewerb einlassen muss.

Der übliche eBay-Weg, den ein neues Produkt bei eBay nimmt, ist bei einer eigenen Marke versperrt.

Wie oft finden Verkäufer ein Produkt, bei dem sie für kurze Zeit der einzige Anbieter sind und entsprechend gut daran verdienen - bis der Wettbewerb das Produkt ins Sortiment aufnimmt und die Preisspirale sich nach unten dreht.

Dieser Preiskampf entfällt bei Eigenmarken.

Leider schöpft der vorgestellte Verkäufer sein Potenzial nicht annähernd aus.

Bei der Recherche bin ich auf ein Forum gestoßen, in dem sich internationale Käufer über Giaro Heels austauschen und zwei Dinge bemängeln.

So beschweren sich die Forenteilnehmer darüber, dass der Verkäufer nicht zeitnah auf Anfragen antwortet - ein absolutes K.-o.-Kriterium bei eBay! Die zweite große Umsatzbremse bei dem Erfolg dieser Marke ist schon fast sträflich: Der Verkäufer versendet nur innerhalb der Europäischen Union und schließt selbst hier einige wichtige Länder wie Spanien und Norwegen aus. Würde er den internationalen Versand anbieten, könnte er seinen Umsatz mit Sicherheit vervielfachen und das aus zwei Gründen:

Er bietet die Schuhe grundsätzlich zum Startpreis ab 1 Euro an. In der Regel rate ich davon ab, aber in seinem Fall - er hat ein nachgefragtes Produkt und keine Wettbewerber - macht das sogar Sinn.

Würde er nun den internationalen Versand anbieten, würde er sehr viel mehr Interessenten anziehen, die die Preise noch ein Stück weiter nach oben schrauben würden, selbst wenn der Höchstbieter letztendlich aus Deutschland käme

– die internationalen Bieter würden also den Preiskampf anfeuern.

Und natürlich würde er insgesamt auch mehr Giaro Heels verkaufen, weil sein Käuferkreis extrem wachsen würde.

Sieht man sich die Herkunftsländer der Mitglieder an, die in dem Forum diskutieren, ahnt man, welchen Schub der Verkäufer erleben würde, wenn er international verkaufen würde.

Und natürlich stellt sich mir gleich die nächste Frage: Warum bietet er ausschließlich bei eBay an?

Was ist z. B. mit Amazon und anderen Handelsplattformen und was ist vor allem mit einem eigenen Onlineshop?

Zusammengefasst hat mir dieser Verkäufer als Beispiel gut gefallen, weil man hier mehrere Dinge sehen kann:

1. Es kann sich durchaus lohnen eine Eigenmarke bei eBay zu positionieren.

2. Man kann ohne Weiteres mit eBay sehr erfolgreich sein und

3. Selbst, wenn man schon erfolgreich ist, kann man immer noch erfolgreicher werden!

Vintage-Kids – Kinderkleidung kaufen und verkaufen: tolle Alternative zu eBay

Das folgende Geschäftsmodell lehnt sich an eBay an und ist doch so ganz anders:

Auf der Plattform Vintage-Kids können Eltern gebrauchte Kinderkleidung kaufen oder verkaufen.

Besonders interessant für Verkäufer: Vintage-Kids bietet einen Einstellservice an.

Der Verkäufer schickt die Kinderkleidung an Vintage-Kids und Vintage-Kids kümmert sich um alles Weitere.

Für bis zu 10 Kleidungsstücke berechnet Vintage-Kids eine Einstellgebühr von 0,50 Euro pro Artikel.

In diesem Preis sind das Fotografieren, das Einstellen und das Verschicken der Artikel inbegriffen.

Bei mehr als 21 Artikeln kostet diese Einstellgebühr nur noch 0,30 Euro pro Artikel.

Für jeden Verkauf werden 18 % Verkaufsprovision fällig. Das erscheint auf den ersten Blick gegenüber eBay relativ hoch, rechnet man aber die eBay- und PayPalgebühren ab, relativiert sich die Verkaufsprovision wieder.

Im Gesamtpaket mit Einstellgebühr ist der Preis unschlagbar, wenn man die Zeitersparnis bedenkt, die normalerweise mit dem Fotografieren, Einstellen, Mailverkehr und dem Verschicken der Artikel verbunden ist.

Auch für Käufer lohnt es sich, bei Vintage-Kids zu stöbern.

Die Seite ist sehr übersichtlich gestaltet, die Artikel sind liebevoll und detailgetreu fotografiert, zudem auch aussagekräftig beschrieben und die sympathische Versandkostenpauschale liegt bei 2,90 Euro. Ab 80 Euro Bestellwert ist der Versand sogar kostenfrei. Die Betreiber legen Wert auf Qualität und das sieht man dem Angebot deutlich an.

eBay wurde oft kopiert, doch nie hatte jemand wirklich Erfolg damit.

Dieses Geschäftsmodell, das zwar an eBay angelehnt, aber doch ganz anders ist, ist sehr viel Erfolg versprechender, weil es sich auf eine Zielgruppe fokussiert.

An- und Verkaufsplattformen für gebrauchte Artikel würde ich auch heute noch eine Chance im Netz einräumen, wenn die Zielgruppe klar definiert ist.

Und noch etwas macht Vintage-Kids goldrichtig. Sie benötigen Ware und viele potenzielle Kunden, die gebrauchte Kinderkleidung anzubieten hätten, würden die Arbeit scheuen, die damit verbunden ist, Ware auf der Plattform anzubieten.

So bietet Vintage-Kids an, diese Arbeit gegen eine kleine Provision zu übernehmen, und schon ist die größte Hürde umgangen und der Warenzufluss gewährleistet.

In den letzten Monaten sind einige ähnliche Plattformen an den Start gegangen, aber wie so oft beschränken sie sich meistens auf Kleidung oder Kinderkleidung und werden sich über kurz oder lang gegenseitig auf die Füße treten.

Es gibt so viele Möglichkeiten, ein ähnliches Geschäftsmodell zu starten – es muss nur nicht das sein, was gerade alle anbieten.

Ein Tipp: Die Kategorien mit den meisten verkauften Artikeln bei eBay in Deutschland 2012 waren Kleidung & Accessoires, Möbel & Wohnen, Auto- und Motorradteile, Heimwerker, Sport und Sammeln & Seltenes.

Webseite: http://www.Vintage-Kids.com

Secondhand für Reiche

Luxus und Designer lassen viel Interpretationsspielraum und so gibt es in Deutschland einige Anbieter für „Luxus“ oder „Designer“ Secondhand-Ware, auf denen auch durchaus Marken angeboten werden, die man mit etwas Wohlwollen im Designerbereich ansiedeln könnte, aber eine Plattform für High-end-Luxus der Superlative findet man in Deutschland nicht.

In den USA gibt es seit fast zehn Jahren die Secondhand-Plattform der Superlative und hier wird tatsächlich nur gebrauchte Ware der Top-Designer dieser Welt angeboten.

Im Uhrenbereich findet man Uhren von Cartier, Breitling, Rolex, Patek Philippe, Audemars Piguet, Jaeger-LeCoultre, Panerai und wenige andere Top-Marken. Die Preise gehen aktuell bis über 70.000 Dollar für eine Harry-Winston-Uhr, die ursprünglich 200.000 Dollar gekostet hat. Eine gebrauchte Ebel gibt es dagegen schon für 950 Dollar.

Sehr viel teurer geht es bei den Handtaschen zu. Aktuell sind drei Handtaschen von Hermès im Angebot, die jenseits der 100.000-Dollar-Marke liegen.

Hermès-Handtaschen haben sich zu einer echten Geldanlage gemausert. Letztes Jahr hat ein Bieter auf einer Auktion mehr als 200.000 Dollar für eine Handtasche von Hermès bezahlt, eine weitere erzielte bei der Auktion mehr als 110.000 Dollar - das nur zum Verständnis.

Dagegen erscheint eine Prada-Tasche für 145 Dollar oder ein Pelzmantel von Karl Lagerfeld für knapp 15.000 Dollar als echtes Schnäppchen.

High Heels von Manolo Blahnik und Christian Louboutin gibt es für 500 Dollar und dieser Preis löst vermutlich bei den Fans nicht einmal einen leicht erhöhten Pulsschlag aus.

Die Plattform garantiert die Echtheit der Produkte und das ist vermutlich auch die größte Herausforderung: die eingelieferte Ware auf Echtheit zu prüfen.

Privatpersonen können auf der Plattform nicht verkaufen, zugelassen sind nur geprüfte Händler, aber auch in diesem Fall besteht immer ein Risiko, dass gefälschte Ware angeboten wird.

Da es die Plattform bereits seit 2004 gibt, scheinen sie das Problem mit möglichen

Fälschungen gut im Griff zu haben, sonst hätten sowohl die Kunden als auch die Markenrechteinhaber längst interveniert.

Portero verdient an der Verkaufsprovision, Einstellkosten müssen die Händler nicht zahlen.

Die Frage ist, ob ein solches Projekt „Secondhand für Reiche" in Deutschland überhaupt erfolgreich werden könnte, aber vorgestellt wollte ich es haben.

Ein solches Projekt ist nicht einfach zu stemmen, und benötigt mit Sicherheit einige finanzkräftige Investoren, aber die lassen sich möglicherweise mit einem detailliert ausgearbeiteten Businessplan überzeugen.

Webseite: http://www.portero.com/

Geschäftsideen im Internet

Das Internet bietet viele Möglichkeiten, Geschäftsideen umzusetzen, und die folgenden Ideen wären ohne das Internet in dieser Form gar nicht möglich gewesen.

So kann man heute z. B. den Trend zur Personalisierung mit den entsprechenden Online-Tools bedienen und die Kunden selbst ihr Wunschprodukt konfigurieren lassen.

Aber auch Portale, auf denen die Gemeinschaft der Nutzer aktiv eingebunden ist, sind im Kommen.

Nageldesign online selbst gestalten

In den letzten Jahren hat sich rund um das Thema Nageldesign ein überaus florierender Markt aufgetan.

In Nagelstudios können die überwiegend weiblichen Kundinnen ihre Fingernägel verlängern, verstärken oder verschönern lassen.

Einige Nageldesigner sind wahre Künstler, wenn es darum geht, den Nagel individuell zu verzieren.

Viele Frauen haben heute bereits ein kleines Home-Nagelstudio mit allem dazugehörigen Equipment.

Hier werden die Nägel oft nicht selbst bemalt, sondern mit fertigen Sticks verziert, die einfach auf den Nagel aufgeklebt werden. Nagelsticker gibt es in allen erdenklichen und unerdenklichen Designs. Jahreszeitliche Sticker für Weihnachten sind ebenso im Angebot wie Fußballsticker oder Sticker mit Blumenmustern oder Tiermotiven.

Der Münchener Christian Doberschütz geht noch einen Schritt weiter und bietet in seinem Online-Nagelstudio Nagelfolien zum Selbstgestalten an. Neben der Farbe können Muster und Elemente ausgewählt werden und sogar eigene Motive hochgeladen werden. Auch ein Text ist möglich.

Das fertige Folienset kostet 6,90 Euro und enthält drei unterschiedliche Größen, sodass keine Passformprobleme zu erwarten sind.

Das Konzept kennt man von Visitenkarten, Autoaufklebern und anderen Bereichen. Der Unternehmer hat es nur für seinen Bereich übernommen und gehört damit zu den Vorreitern auf seinem Gebiet.

Webseite: http://www.nail-designer.com/de

Temporäre Sicherheits-Tattoos für Kinder

Michele Welsh aus dem US-Bundesstaat Maryland ist Mutter von drei Kindern, und als sie 2007 an einem Feiertag mit ihrer Familie einen Freizeitpark besuchte, brach Panik bei ihr aus. Was, wenn die Kinder in dem Getümmel verloren gehen?

Kurzerhand schrieb sie ihre Handynummer auf die Arme ihrer Kinder, hatte aber das Problem, dass sie die Beschriftung mehrmals erneuern musste, weil die Ziffern verwischt waren.

Daraus entstand die einfache, aber geniale Idee temporäre Tattoos für Kinder anzubieten, auf denen die Telefonnummer der Eltern steht.

Gedacht, getan und so entstand ihr Unternehmen Safetytat, das hauchzarte, beschriftbare Folien aus anti-allergischem, latexfreiem Material für Kinder anbietet.

Die Tattoos sind wasserfest und halten mehrere Tage, können bei Bedarf aber auch problemlos entfernt werden.

Für die individuelle Beschriftung stehen zwei Zeilen zur Verfügung, sodass neben der Telefonnummer auch eine Info Platz hat.

24 individuell gestaltete Tattoos kosten 19,99 Dollar, 6 Tattoos, die Eltern selbst beschriften können, gibt es für 9,99 Dollar.

In Deutschland muss man sicher die gesundheitlichen Fragen sehr genau abchecken, aber es gibt auch hier Tattoos für Kinder, ein grundsätzliches Verbot besteht also offensichtlich nicht.

Neben Kindern sind auch Senioren mit Alzheimer oder Demenz eine Zielgruppe.

Michele Welsh bietet auch individuelle Aufkleber, z. B. für Schulbrotdosen an.

Webseite: http://www.safetytat.com/

Autowäsche im Paket zum Vorteilspreis

Gutscheinportale, auf denen Nutzer sparen können, gibt es im Netz an jeder Ecke, doch die wenigsten davon haben sich spezialisiert.

Groupon, DailyDeal und Co sind zu Gemischtwarenläden geworden, auf denen der Nutzer auf den ersten Blick oft gar keine Schnäppchen mehr findet, die ihn wirklich interessieren.

Das Start-up Waschpakete.de verfolgt einen anderen Ansatz.

Hier können Autowäschen online mit Rabatten bis zu 70 % gebucht werden und es scheint zu funktionieren. Mehr als 50.000 Wäschen hat das Unternehmen nach eigenen Angaben im ersten Jahr nach dem Start bereits verkauft.

Für Käufer liegt der Vorteil klar auf der Hand. Wenn ich meine Autowäsche online zahle, spare ich bis zu 70 %, wenn ich mich für eine 5er- oder 10er-Karte entscheide.

Aber wo liegt der Vorteil für Tankstellenbetreiber? Warum sollten sie Rabatte auf Autowäschen einräumen?

Wenn ich meine Postleitzahl eingebe, ist meine Tankstelle nicht dabei.

Kaufe ich also einen Gutschein für die Autowäsche online, muss ich zu einer anderen Tankstelle fahren und wenn ich dort nicht nur mein Auto waschen lasse, sondern auch tanke und vielleicht auch noch im Shop einkaufe, kann sich das für den Tankstellenbetreiber schon lohnen.

Laut Waschpakete.de gibt es eine Studie, die bestätigt: 67 % der Kunden, die eine Autowäsche nutzen, verbinden diese auch mit einem Tankvorgang, und 37 % kaufen im Shop ein.

Zudem haben die teilnehmenden Tankstellen die Möglichkeit weitere Angebote zu bewerben.

Bei Groupon und Co gibt es für viele Unternehmen das große Problem, dass sie dem Ansturm nach einem Deal gar nicht gewachsen sind und die Aktionen so oft sogar nach hinten losgehen.

Gerade kleine Unternehmen, wie Kosmetikstudios oder Friseure, können nicht plötzlich 100 neue Kunden im Monat zufriedenstellend behandeln, weil diese bei einem zeitlich begrenzten Deal zugeschlagen haben.

Ein Deal, der wie bei Waschpakete immer zur Verfügung steht, würde das Problem lösen, weil die Käufer kontinuierlich und nicht alle innerhalb von zwei Tagen zuschlagen.

Es kann sich also durchaus lohnen, hier über Unternehmen nachzudenken, die ein Interesse an einer spezialisierten Dealplattform haben könnten.

Webseite: http://www.waschpakete.de/

Preisvergleichsportale abseits der gängigen Portale

Preisvergleichsportale kennt man von Versicherungen, Banken, Reisen und aus dem Elektronikbereich, dabei gibt es so viele Artikel, bei denen ein Preisvergleichsportal großen Zuspruch finden würde.

Das dachte sich auch Michael Wendt und so gründete er 2011 das Preisvergleichsportal für gewerblichen Bürobedarf.

Das Portal verfolgte von Anfang an zwei Ziele: Zum einen sollte es die Suche nach Büroartikeln in dem Dschungel der zahlreichen Anbieter vereinfachen und zum anderen sollte das bestmögliche Angebot gefunden werden.

Während der Kunde früher viel Zeit investieren musste, um die Preise für einzelne Angebote bei verschiedenen Anbietern zu vergleichen, sucht er sich heute seine Artikel bei Papersmart zusammen, legt sie in den Warenkorb und Papersmart berechnet das günstigste Gesamtangebot.

Sogar eine Splitfunktion wird angeboten:

Wenn es günstiger ist, die Bestellung auf zwei Anbieter aufzuteilen, weil z. B. bei einem Händler nicht alle Produkte lieferbar sind, wird auch das bei der Bestellung berücksichtigt.

Dadurch sind Einsparungen von bis zu 45 % möglich.

Für Unternehmen, die immer auf der Suche nach Einsparpotenzialen sind, bietet diese Plattform die Möglichkeit, die benötigten Artikel schnell und kostengünstig zu bestellen.

Bei Papersmart können die Bestellungen direkt eingegeben werden.

Papersmart verdient dabei an den Provisionen, die der Händler an Papersmart zahlt - Kunden zahlen natürlich bei Papersmart keinen Euro mehr, als wenn sie direkt bestellen würden.

Das Besondere an dieser Plattform ist der Warenkorbvergleich.

Nur mit dieser Funktion kann der Kunde exakt herausfinden, bei welchem Anbieter er alle seine gewünschten Artikel zum günstigsten Preis bekommt.

Aber eine solche Plattform ist nicht nur für gewerbliche Kunden interessant.

Solche Plattformen würden sich für viele Produkte lohnen, z. B. im Autoteilezubehörbereich.

Webseite: http://www.papersmart.de/

Flugexperten

Wer einen Urlaub plant, der abseits der Pauschalstrecke Deutschland-Mallorca liegt, weiß, wie viel Zeit er im Netz einplanen muss, um seine Wunschroute zum günstigsten Preis zu bekommen, und dabei wird er vermutlich selten den wirklich besten Preis finden.

Viel zu unübersichtlich ist der Dschungel der Anbieter, und wenn man Sonderwünsche hat, z. B. einen oder mehrere Stopover einplanen möchte, den günstigsten Zielflughafen in Südafrika sucht, dabei Meilen einsetzen will und das Haustier in der Kabine und außerdem drei Surfbretter im Frachtraum Platz finden sollen, dann wird es für Laien völlig chaotisch.

Die australische Plattform Flightfox hat die Lösung für Probleme dieser Art gefunden.

Wer eine Reise unternehmen möchte, die sich üblicherweise nicht so einfach im Katalog finden lässt, kann dort einen sogenannten Contest starten, seine Wünsche eingeben und Experten gegen einen Finderlohn für sich suchen lassen.

Die Experten versuchen, sich gegenseitig im Preis zu unterbieten, wer den günstigsten Preis gefunden hat, bekommt den Finderlohn. Der Fluggast hat die Summe bereits eingezahlt, als er seinen Contest gestartet hat. Nimmt er das Angebot an, bekommt der Experte den Finderlohn und der Fluggast alle Daten, die er zum Buchen benötigt.

Gefällt es ihm nicht, muss er das Angebot nicht annehmen.

Ein Experte, der selbst für Flightfox arbeitet, schreibt auf seinem Blog, dass er selbst oft erstaunt ist, welche Preise seine Kollegen im Netz manchmal finden.

Das Konzept funktioniert hervorragend - die Fluggäste sparen sowohl Zeit als auch Geld und die Experten können sich ein schönes Nebeneinkommen sichern, wenn sie gut sind.

In Europa ist darjeelin.de mit einem ähnlichen Konzept an den Start gegangen, allerdings bekommt der Fluggast hier nur die Preisvorschläge von vier Experten angezeigt.

Zudem ist die deutsche Seite teilweise nicht komplett übersetzt und damit ist der Auftritt insgesamt wenig überzeugend.

Bei Flightfox kann jeder Experte an dem Contest teilnehmen und hat ein Interesse daran, sich gegen die Kollegen durchzusetzen.

Das ist ein überzeugendes Konzept, von dem alle nur profitieren können.

Dieses Crowdsourcing (die Masse beschafft) wäre in sehr vielen Bereichen einsetzbar, bei denen individuelle Wünsche berücksichtigt werden sollen.

Webseite: https://flightfox.com/

Bring was mit

Vor vielen Jahren war ich absoluter Fan einer Kosmetikserie, die sich dann von jetzt auf gleich vom deutschen Markt zurückgezogen und ihre Produkte nur noch in Japan verkauft hat.

Ich war verzweifelt. Kein Mensch flog nach Japan und konnte mir meine Lieblingscreme besorgen. Heute wäre das kein Problem mehr.

Auf der Plattform BringWasMit könnte ich eine Ausschreibung machen und Japanurlauber darum bitten, mir meine Creme mitzubringen - gegen eine Aufwandsentschädigung natürlich.

Die Idee ist genial und gehört so typisch in die Sparte: Warum ist da vorher eigentlich nie jemand darauf gekommen?

Vermutlich sind einige darauf gekommen, nur umgesetzt haben sie es nicht.

Spannend ist es auch, auf der Plattform zu stöbern, weil sich dort für findige Entrepreneurs neue Ideen ergeben könnten.

Zum Beispiel: Was wollen Amerikaner aus Deutschland mitgebracht haben (kann ich das eventuell über das Internet direkt in den USA anbieten)?

Webseite: https://www.bringwasmit.de/

Arzttermine online buchen

Mit Doxter ist ein Start-up-Unternehmen online gegangen, das es Patienten ermöglicht, rund um die Uhr Termine beim Arzt zu buchen.

Bei Doxter profitieren Ärzte und Patienten.

Auch heute noch gibt es viele Ärzte, die im Netz gar nicht präsent sind und sich über Doxter präsentieren können, ohne eine eigene Homepage unterhalten zu müssen.

Zudem können kurzfristig frei gewordene Termine über das Netz vergeben werden.

Patienten können rund um die Uhr buchen und müssen nicht ewig herumtelefonieren, um kurzfristig einen Arzttermin zu bekommen.

Durch die Vorstellung des Arztes und die Bewertungen der anderen Nutzer kann sich der Patient zudem ein erstes Bild von dem Arzt machen.

Ärgerlich ist die fehlende Preistransparenz bei Doxter.

So erfährt man auf der Seite nicht, welche Kosten entstehen, und findet erst durch Medienartikel bei Google heraus, dass der Dienst für Patienten kostenlos ist, während Ärzte monatlich ca. 50 Euro bezahlen.

Hier gäbe es also einiges zu verbessern.

Ein solches Portal bietet sich nicht nur für Arzttermine an.

Denkbar wäre eine Online-Terminvergabe auch für andere Unternehmen, die mit Terminen arbeiten, wie z. B. Friseure, Kosmetikstudios, aber auch Auto-Reparaturwerkstätten oder sogar Taxiunternehmen usw.

Die größte Herausforderung ist es, die kritische Masse zu erreichen.

Bei Doxter waren 12 Monate nach dem Start 600 Ärzte angemeldet, bis 2014 sollen es 1400 werden und die Konkurrenz schläft nicht.

Neben Doxter sind bereits ähnliche Portale an den Start gegangen, bei denen man Arzttermine online buchen kann, aber wie gesagt, es gibt auch andere Dienstleister, die auf einem solchen Portal freie Termine anbieten könnten.

Hier könnte man sogar über ein Last-Minute-Portal nachdenken.

Wenn z. B. eine Kundin in einem Kosmetikstudio kurzfristig absagt, hat die Kosmetikerin im schlimmsten Fall einen Totalausfall, weil sie nur auf Termin arbeitet und keine andere Kundin kurzfristig einspringen kann. Hier könnte ein Last-Minute-Preis für Kunden, die zeitlich absolut flexibel sind die frei gewordene Zeit zu füllen, eventuell sogar Neukunden generieren.

Webseite: http://www.doxter.de/

Schluss mit Stalking

2001 hatte Jeffrey Goldblatt die Idee, eine Hotline für Frauen einzurichten, die einem Verehrer nicht ihre eigene Telefonnummer geben wollten. Stattdessen haben sie dem Fan eine Telefonnummer gegeben, unter der der Bewunderer dann eine aufgezeichnete Nachricht abhören konnte, die ihm eine unmissverständliche Abfuhr erteilt hat.

Im ersten Jahr wurde die Nummer mehr als 600.000 Mal angerufen.

10 Jahre später – Jeffrey Goldblatt hatte sein Portefeuille längst erweitert – gingen bereits 69 Millionen Anrufe im Jahr ein und bescherten ihm einen Umsatz von unglaublichen 2,5 Millionen Dollar.

Wie das funktioniert? Die Anrufe sind kostenlos, aber am Ende hört der Anrufer Werbung und die lässt sich Jeffrey Goldblatt bezahlen.

Mehr als 376 Millionen kostenlose Anrufe wurden mittlerweile abgewickelt und sein Angebot ist längst nicht mehr nur ein Geheimtipp, um potenzielle Verehrer abzuschütteln.

Wer möchte, kann sich anhören, wie sich ein Truthahn zu Thanksgiving fühlt, wie man einen Idioten unterhalten kann, oder herausfinden, ob man überhaupt noch lebt.

Natürlich werden die Fans der Seite jeden neuen Telefonclip sofort hören wollen und so klingelt bei Jeffrey Goldblatt mit jedem Anruf die Kasse.

Webseite:
http://www.humorhotlines.com/home.asp

Shareconomy

Shareconomy ist ein neuer Trend, der sich rasant entwickelt. Teilen statt besitzen heißt das Motto und das ist übertragbar auf sehr viele Bereiche, wie die folgenden Geschäftsideen zeigen.

Privater Abendgarderobeverleih

Eine Plattform, die ich mir wünschen würde, wäre eine, auf der man privat Abendgarderobe leihen und verleihen kann.

Natürlich gibt es einige Anbieter, die Abendgarderobe verleihen, allerdings sind die Preise so hoch angesetzt, dass ich mich bisher immer dafür entschieden habe, gleich ein neues Kleid zu kaufen.

Und so hängen bei mir - wie bei so vielen anderen, die oft nur einmal getragenen Abendkleider im Schrank und warten auf den nächsten Einsatz.

Und es bleibt nicht bei den Kleidern.

Jedes Kleid hat eine andere Farbe, das bedeutet, die passende Abendtasche gehört auch dazu, und weil sie es nicht in die Liga der Lieblingstaschen schafft, verbringt auch sie ihre Tage nach dem Ersteinsatz im Schrank.

Den Herren der Schöpfung geht es nicht besser.

Es steht eine Feier an, bei der ein Smoking erwünscht ist, dann bleiben heute nur zwei Möglichkeiten, wenn man(n) keinen Smoking hat. Entweder einen kaufen und darauf hoffen, dass er bei der nächsten Gelegenheit noch passt, oder einen mieten und das ist bei den gewerblichen Vermietern kein preiswertes Vergnügen, zumal es mit dem Smoking alleine meistens nicht getan ist.

Dazu gehören dann noch ein Smokinghemd, eine Smokingweste und vielleicht noch eine Smokingschleife und passende Manschettenknöpfe.

Selbst wenn es kein Smoking sein soll - es gibt auch Männer, die keinen klassischen Anzug besitzen, einfach weil sie ihn im Normalfall nicht benötigen. Aber dann kommt der Tag, an dem sie doch einen brauchen, und auch hier gäbe es auf der anderen Seite viele, die aus dem Vollen schöpfen können und so viele Anzüge besitzen, dass sie sie vermieten könnten.

Es muss gar keine Designergarderobe sein, die zum Verleih angeboten wird, denn genau das ist das Problem der herkömmlichen Vermieter. Im Angebot sind überwiegend teure Roben, die gar nicht nötig wären.

Manche wären sicher auch mit einem Kleid von Zara oder Apart zufrieden, die Hauptsache ist, dass sie es günstig mieten können.

Dekoverleih von privat

Erstaunlich, dass noch niemand auf die Idee gekommen ist, ein Portal zu errichten, auf dem Privatleute Dekorationen mieten und vermieten können.

In den Jahren hat sich bei mir - wie bei vielen anderen auch - kistenweise Weihnachtsdekoration für innen und außen angesammelt und es bleibt nicht bei der Weihnachtsdekoration.

Osterdekoration nimmt in der Regel zwar weniger Platz ein, aber viele könnten damit sicher drei Haushalte versorgen.

Dann gäbe es noch Deko für Geburtstage, hier unterteilt in Kindergeburtstage und

Geburtstagsdeko für Erwachsene, Deko für Faschingspartys, Halloweenpartys, Silvesterpartys, Grillpartys, Gartenpartys, Deko für Hochzeiten, Jahrestage oder einfach nur Deko für die verschiedenen Jahreszeiten.

Der Markt wäre riesig und wer jedes Jahr seinen 1,5-Meter-Weihnachtsbaum neu einkleidet, weiß, wie sehr das ins Geld geht und wie sich der Platzbedarf Jahr für Jahr erhöht.

In diesem Bereich gäbe es ein großes Angebot und eine hohe Nachfrage – für einen Portalbetreiber eine denkbar günstige Ausgangssituation.

Natürlich findet man im Netz jede Menge Anbieter, die Deko verleihen, aber der Schwerpunkt liegt bei diesen Anbietern woanders. Viele sind auf Hochzeiten oder Firmenfeste spezialisiert und verleihen Stuhlhussen, Vasen, Tischwäsche oder Geschirr.

Ich dachte bei meiner Idee an die kleineren Accessoires, die Privathaushalten nicht nur ein festliches Ambiente, sondern auch eine persönliche Note verleihen.

Bilderverleih

Diese Idee richtet sich an unbekannte Künstler, die oft wenige Möglichkeiten haben, ihre Werke zu angemessenen Preisen zu verkaufen. Stattdessen bieten sie sie bei eBay an und erzielen dort leider oft keine adäquaten Preise.

Warum die Bilder nicht vermieten und damit regelmäßige Einnahmen erzielen?

Wenn die Bilder immer wieder über einen längeren Zeitraum vermietet werden können, kann das durchaus mehr bringen, als ein einmaliger Verkauf über eBay.

Ideal wäre es, wenn es ein Portal geben würde, auf dem unbekannte Künstler ihre Bilder zur Vermietung anbieten können.

Möglich wäre es auch, dem Kunden, der ein Bild leiht, eine Kaufoption einzuräumen. Vielleicht gefällt ihm das Bild so gut, dass er es behalten möchte.

Man könnte das Portal erweitern und neben Bildern auch andere Kunstwerke wie z. B. Skulpturen anbieten oder das Portal auch für Privatpersonen öffnen, die ihre Bilder für einen längeren Zeitraum vermieten möchten, anstatt sie im Keller einzulagern.

Auch hier gilt: Es gibt bereits Anbieter im Netz, die Bilder verleihen, nur richten sich diese Angebote in der Regel an Handel und Gewerbe. Hier wäre der private Nutzer die Zielgruppe.

Zudem geht es bei dieser Idee darum, unbekannten Künstlern eine Plattform zu geben, auf der sie ihre Bilder ausstellen können.

Fahrradverleih von privat zu privat

Kaum zu glauben: Wenn ich mein Fahrrad privat vermieten möchte oder schnell ein Fahrrad in der Nachbarschaft ausleihen will, muss ich im Moment noch den Umweg über spinlister.com, eine amerikanische Plattform nehmen, weil es in Deutschland noch keine vergleichbare Plattform gibt.

In Deutschland gibt es 69 Mio. Fahrräder.

Man sollte also denken, dass damit fast jeder, der Fahrrad fahren möchte, bereits ein Fahrrad besitzt.

Allerdings nutzen 19 % der Fahrradbesitzer ihr Fahrrad nie und könnten es vermieten. Aber besteht überhaupt Bedarf, wenn fast jeder ein eigenes Fahrrad hat?

Ich denke schon.

Das fängt schon bei denen an, die zwar ein eigenes Fahrrad haben, es aber nie benutzen. So steht es seit Jahren im Keller und verstaubt dort.

Nun steht eine Fahrradtour mit Freunden an und damit stellt sich die Frage, ob man Zeit investiert, um das Fahrrad für einen Tag wieder fit zu machen, oder ob man sich schnell beim Nachbar ein Fahrrad ausleiht.

Vielleicht benötigt man auch dringend ein Fahrrad, aber das eigene ist für einen Tag in der Werkstatt.

Für mich z. B. lohnt sich kein eigenes Fahrrad, weil ich zu selten damit fahre und im Winter keine Abstellmöglichkeit habe, aber ab und zu würde ich gerne fahren.

Nun gibt es in Berlin viele Fahrradvermieter, die sich auf Touristen eingestellt haben und dementsprechende Preise verlangen und zudem überwiegend im Innenstadtbereich - viel zu weit weg von meinem Standort - angesiedelt sind.

Wenn es selbst in einer Großstadt wie Berlin ein Problem ist, auf die Schnelle ein Fahrrad zu mieten, dann ist dieses Problem in Kleinstädten, in denen es vielleicht nicht einmal einen

Fahrradverleih gibt, noch größer und daher glaube ich an den Bedarf.

Auf Spinlister werden Fahrräder von privat zu privat von 5 bis 150 Dollar pro Tag angeboten.

Viele Fahrräder können stundenweise, tageweise oder auch wochenweise gemietet werden. Die Provision beträgt 17,5 % vom Mietpreis, dafür sind die Fahrräder bis 5000 Dollar versichert.

Webseite: https://www.spinlister.com/

Skurril, verrückt oder einfach nur genial

Manchmal gibt es Ideen, die so verrückt sind, dass keiner daran glaubt, dass sie erfolgreich werden könnten. Mein absoluter Favorit ist die Idee des Unternehmers, der Müll verkauft und damit richtig Geld verdient. Dann gibt es Ideen, bei denen man sich nicht wundert, dass sie funktionieren, aber man fragt sich schon, wie jemand darauf kommt, Minibriefe zu verschicken oder Pornohefte zu schreddern und daraus ein Geschäft zu machen.

Aber lesen Sie selbst und staunen Sie mit mir:

Müll aus New York

Eine fast unglaubliche Geschichte, die ich jedoch uneingeschränkt glaube, ist die Geschichte von Justin Gignac, einem New Yorker Künstler und Unternehmer, der aus Müll Geld macht.

2001 diskutierte er mit einem Mitarbeiter über die Wichtigkeit der Verpackung und da der Mitarbeiter nicht so recht daran glauben wollte, wie wichtig eine ansprechende Verpackung ist, startete Justin Gignac ein Experiment.

Er sammelte Müll auf den Straßen New Yorks ein, sortierte ihn und arrangierte kleine Kunstwerke aus Müll, die er dann in einem Glaswürfel verpackt, verkaufte.

1400 Stück hat er bis heute in 30 Länder der Welt verschickt, Europa liegt hinter den Vereinigten Staaten an der Spitzenposition.

50 Dollar kostet so ein Müllwürfel, aber es gibt auch limitierte Würfel, die 100 Dollar kosten. Diese Würfel enthalten den Müll besonderer Veranstaltungen, wie z. B. vom Tag der Inauguration Obamas, von Silvester am Times Square oder vom Tag der ersten Eheschließung Homosexueller in New York.

Aus dieser Geschichte kann man einen wichtigen Lerneffekt ziehen, denn geht man zum Ursprung der Idee zurück, stellt man fest: Die Verpackung und die Präsentation machen extrem viel aus und das nicht nur bei dieser Idee.

Hätte er den Müll unsortiert, dreckig und stinkend in Müllsäcken verkauft, wäre kein Geschäft zustande gekommen.

So aber, liebevoll sortiert und künstlerisch arrangiert in einer exklusiv anmutenden Glasbox, wird aus dem Müll das Mitbringsel schlechthin.

70.000 Dollar (wenn man nur die klassischen Würfel zählt) mit Müll umzusetzen, das muss man erst einmal schaffen!

Nicht immer reicht nur die richtige Idee, sie muss auch richtig umgesetzt werden, damit sie abheben kann!

Webseite: http://nycgarbage.com/

Minibriefe

Maxibriefe kennen wir alle - aber wer kennt schon Minibriefe?

Minibriefe haben eine Größe von 2,54 cm x 1,58 cm - das entspricht in etwa der Größe einer halben Streichholzschachtel und die verschickt Lea Redmond aus San Francisco zu einem Stückpreis von 10 Dollar + Porto in die ganze Welt.

Die Minibriefe sind so klein, dass die Post sie nicht transportieren würde, also müssen sie vor dem Versand in einen größeren Umschlag gesteckt werden.

Dieser enthält dann den versiegelten Minibrief, der mit Empfänger- und Absenderadresse wie ein echter Brief aussieht.

Zusätzlich enthält der Umschlag eine Lupe, damit der Empfänger den Minibrief überhaupt lesen kann.

Über 1800 Euro soll Lea Redmond umgerechnet nur mit dem Versand der Minibriefe im Monat verdienen und im Angebot hat sie neben Minibriefen auch Minipakete und viele andere Kuriositäten wie ein Theater in der Streichholzschachtel.

Auf den ersten Blick könnte man glauben, das sei einfach zu kopieren, ist es aber nicht.

Zunächst muss man natürlich in der Lage sein, diese Minibriefe auch leserlich zu beschriften, darin liegt bereits die erste Herausforderung.

Und dann ist es ein Geschäft, nach dem kaum jemand aktiv sucht, und daher ist für diese Geschäftsidee eine gut überlegte Marketingstrategie unerlässlich.

Webseite:
http://worldssmallestpostservice.com/

Post vom Weihnachtsmann

2001 hatte Byron Reese die Idee, personalisierte Postkarten vom Weihnachtsmann zu verschicken. Das Kind wird von ihm nicht nur mit seinem Namen angesprochen, er setzt auch inhaltlich die Anregungen der Eltern um.

Der Clou daran: Die Briefe tragen den Stempel vom Nordpol, dem Wohnsitz des „echten" Weihnachtsmannes und werden natürlich mit Weihnachtsmann-Briefmarken verschickt.

9,95 Dollar kostet so eine Postkarte und bis Weihnachten 2012 hat er mehr als 325.000 Stück verschickt und somit mehr als 3,2 Millionen Dollar umgesetzt.

Das macht einen Jahresumsatz von knapp 270.000 Dollar und das bei nur wenigen Wochen harter Arbeit im Jahr.

In den Sommermonaten wird Byron Reese sich entspannt zurücklehnen können, dafür wird er in den Wochen vor Weihnachten einen knallharten Fulltime-Job haben, aber Erfolg verleiht bekanntlich Flügel.

Natürlich kann auch der Weihnachtsmann den Ansturm vor dem Fest nicht alleine bewältigen und so beschäftigt er in der Hauptsaison fleißige Elfen, die ihm zur Seite stehen.

Heute gibt es viele Nachahmer, aber Byron Reese schwört auf sein Qualitätssicherungssystem, das ihn von anderen schreibenden Weihnachtsmännern unterscheidet: Jeder Brief wird vor dem Versand ganz genau darauf geprüft, ob die Vorgaben der Eltern eingehalten wurden.

Webseite: http://www.santamail.org/

In Deutschland können Kinder übrigens über die Deutsche Post Briefe an den Weihnachtsmann oder an das Christkind schreiben.

Jedes Jahr gehen bei den Weihnachtspostämtern mehrere Hunderttausend Briefe aus aller Welt ein, die von fleißigen, ehrenamtlichen Helfern kostenlos beantwortet werden.

Der entscheidende Unterschied zu den kostenpflichtigen Angeboten:

Bei den kostenpflichtigen Angeboten können die Eltern den Inhalt der Postkarte vorgeben und das kann durchaus ausschlaggebend für die kostenpflichtige Variante sein.

Insofern würde ich das Argument, dass es diesen Dienst auch kostenlos gibt, nicht gelten lassen.

Pornconfetti – Konfetti aus Pornoheften

In Zeiten von Twitter und Co wird vieles verhackstückelt, warum also nicht auch Pornohefte zerhäckseln und sie in anderer Form neu aufbereiten?

So oder ähnlich war die Idee hinter Pornconfetti und schon war eine neue, clevere Geschäftsidee geboren: Konfetti aus Pornoheften.

Pornconfetti zeigt geschredderte, aber eindeutige Bilder und Szenen aus deutschen Pornoheften und ist mit 15 mm Durchmesser größer als herkömmliches Konfetti.

Angeboten wird das Pornconfetti in partytauglichen Dosen mit 70 g Inhalt zum Preis von aktuell 7,95 Euro.

Der Erfolg hat selbst die Macher überrascht, auch wenn sie von Anfang an sicher waren:

Keiner braucht es, aber viele wollen es haben.

Neben der Gay-Edition gibt es heute auch das Millionaire-Confetti, Konfetti aus geschredderten Dollar- und Euronoten, das WikiLeaks-Konfetti und das Bling-Bling-Konfetti aus Luxus- und Fashionmagazinen, angereichert mit Glitterflitter.

Webseite: http://confettiyourlife.com/de/

Wutbox zum Abbau von Aggressionen

In den USA ist eine Frau seit 2008 mit ihrem „Anger Room" sehr erfolgreich.

Für 25 Dollar kann man 5 Minuten in einem Raum an einem Gerät – z. B. einem PC, seine Wut auslassen und den PC zertrümmern.

15 Minuten kosten 45 Dollar, benötigt man noch länger, um sich auszutoben, kostet das nächste Paket für 25 Minuten 75 Dollar, und der Laden brummt!

Angefangen hat Donna Alexander 2008 in ihrer Garage, 2011 hat sie sich vergrößert und Räume angemietet.

Ihr größtes Problem war, dass sie zu schnell zu viele Kunden hatte und nicht so schnell wachsen konnte, wie sie gewollt hätte. An ihrem neuen Standort hat sie nun die Möglichkeit, sich jederzeit zu vergrößern und weitere Flächen anmieten zu können.

Erstaunlicherweise hat sie viele weibliche Kunden, die sich bei ihr austoben.

Es gibt auch in Deutschland genug Menschen, die an ihrer Wut fast ersticken und nicht wissen, wohin mit dieser Wut.

Wut auf den Chef, auf die Ehefrau, die Schwiegermutter, den Nachbarn - die meisten kennen solche Situationen, in denen man die Faust in der Tasche machen und die Wut herunterschlucken muss.

Wenn eine Situation dauerhaft belastet, kann ich mir gut vorstellen, dass so ein Ausflug in die Wutbox, in der man wirklich die ganze Wut ohne Rücksicht auf Verluste herauslassen kann, bei vielen Menschen durchaus Dampf ablassen kann und damit auch eine Hilfe ist.

Vielleicht wäre das sogar ein Konzept, das man den Städten anbieten könnte.

In Berlin vergeht kein Wochenende, an dem z. B. am Alexanderplatz nicht die Aggressionen explodieren und es zu teilweise heftigen Schlägereien kommt.

Trotz erhöhter Polizeipräsenz ist dieses Problem offensichtlich nicht zufriedenstellend in den Griff zu bekommen.

Der Alexanderplatz ist damit im Grunde nichts anderes als ein „offener Wutraum", an dem sich Aggressionen entladen, leider werden hier viel zu oft völlig Unbeteiligte in Mitleidenschaft gezogen.

Möglicherweise würde hier sogar ein geschlossener Wutraum, in dem sich die Aggressoren ordentlich austoben können, helfen.

Webseite: http://www.angerroom.com/

Keine Probleme? Kaufen Sie welche!

Diese Geschäftsidee ist so verrückt, dass sie schon wieder genial ist.

Alle bieten Lösungen an, wir das Problem, dachten sich die drei Schweizer, Hansmartin Amrein, Martin Koncjlia, und Björn Hering. Gesagt, getan und so entstand die Webseite „need a problem" - übersetzt "ich brauche ein Problem".

Ja, es soll Menschen geben, die keine Probleme haben und sich langweilen, weil alles nach Plan verläuft.

Damit ist jetzt Schluss, denn schließlich kann man für Geld alles kaufen - also auch Probleme.

Triviale Probleme kosten 1 Euro, ein einfaches Problem ist für 5 Euro zu haben, ein normales Problem für 50 Euro und dann geht es nach oben bis zu 5000 Euro für ein fast unlösbares Problem.

Nach der Bezahlung bekommt der Käufer sein Problem per Mail zugeschickt. Wenn er es gelöst hat, kann er den Beweis einsenden und sich so einen Platz auf der Bestenliste sichern.

In diesem Fall scheint es den Betreibern nicht gelungen zu sein, den Medienhype, von dem das Projekt am Anfang profitiert hat, langfristig zu nutzen.

Aber hinter der Idee steht im Grunde nichts anderes, als gelangweilte Menschen herauszufordern und ihnen individuelle Aufgaben zu stellen, die sie lösen müssen.

Aufgaben, bei denen sie sich mit anderen messen können.

Hier könnte man erneut ansetzen und ein ähnliches Projekt an den Start bringen.

Webseite: http://www.needaproblem.com/de/

Werbung

In Deutschland gibt es rund 3,1 Millionen umsatzsteuerpflichtige Unternehmen und dazu noch jede Menge Kleinunternehmer und Freiberufler.

Die meisten davon dürften daran interessiert sein, Werbung zu machen, doch gerade kleinere Unternehmen haben nur ein begrenztes Budget zur Verfügung und können sich keine kostspieligen Werbekampagnen leisten.

Mit kreativen Ideen gelingt es auch Einzelkämpfern immer wieder, Unternehmen zu überzeugen, in ihre Form der Werbung zu investieren.

Kostenlose Kopien mit Werbung

Gero Gode, ein Augsburger Student hat die Idee aus Japan übernommen und ist damit auch in Deutschland erfolgreich gestartet: Studenten können bei ihm kostenlos kopieren, weil Unternehmen die Rückseite des Kopierpapiers mit Werbung bedrucken und damit die Kopien finanzieren.

In diesem Fall ist die Zielgruppe klar definiert und die Unternehmen können passende Werbung schalten.

Aktuell gibt es in Deutschland 2,5 Mio. Studenten und wenn der Geschäftsgründer nur 0,05 Euro pro Kopie für die Vermittlung bekommen würde, könnte das ein lukratives Geschäftsmodell werden.

Webseite: http://www.free-copy.de/

T-Shirt-Träger

Der 26-jährige Jason Sadler hatte eine Geschäftsidee, die er nicht umsetzen konnte, weil ihm das nötige Startkapital fehlte.

Also hat er sich entschieden, einen ungewöhnlichen Weg zu gehen, und bot Unternehmen an, jeden Tag ein anderes T-Shirt zu tragen, auf denen die Unternehmen ihre Werbebotschaft abdrucken konnten.

Der Clou an seiner Idee: Jeden Tag wurde der Preis um einen Dollar erhöht. Er startete am 01. Januar mit einem Euro, am 31. Dezember musste der werbewillige Unternehmer schon 365 Dollar bezahlen. Insgesamt kamen so 66.975 Dollar zusammen.

Das hat natürlich nur funktioniert, weil auch hier wieder die Presse auf seine Story aufmerksam wurde und ihn mit umfangreicher Berichterstattung unterstützt hat. So war das Angebot auch dann noch für Unternehmer interessant, als sie längst mehr als 300 Dollar pro Tag zahlen mussten.

Die Idee war so erfolgreich, dass er die Aktion fortsetzt und sogar Mitstreiter sucht, die auch gerne T-Shirts gegen Cash tragen würden.

Das allerdings ist nicht so ein Traumjob, wie man auf den ersten Blick annehmen könnte.

T-Shirt an und Geld verdienen - weit gefehlt!

Die T-Shirt-Träger müssen bei Twitter und Facebook posten, Youtube-Videos produzieren und diese täglich pünktlich um 09.00 Uhr hochgeladen haben - und das ganze an sechs Tagen pro Woche.

Dafür gibt es einen Jahresvertrag mit einem Einkommen von 30.000-35.000 Dollar + Bonus im Jahr.

In Deutschland gab es einige Nachahmer, die sich offensichtlich alle nicht durchgesetzt haben, aber das heißt ja nicht, dass die Idee nicht neu zu beleben wäre.

Das ist bei solchen Ideen oft zu beobachten. Die Idee kommt aus Amerika, wird dort gehypt, derjenige, der sie ins Leben gerufen hat, sahnt ab und die Nachahmer stürzen sich über Nacht in die vermeintliche Nische und zählen in Gedanken schon das Geld. So einfach ist es aber leider nicht. Wenn man eine Idee wie diese kopiert, muss man eigene Ideen einbringen und auch dranbleiben, wenn nach 4 Wochen nicht der vermeintliche Geldregen einsetzt.

Webseite: http://www.iwearyourshirt.com

Körperwerbung

Der eigene Körper wird immer wieder gerne als Werbetafel angeboten und die Möglichkeiten dabei sind vielfältig. Ob Werbung auf Glatzen oder auf Schwangerschaftsbäuchen - manche Menschen schrecken nicht einmal davor zurück, sich ein bleibendes Werbe-Tattoo stechen zu lassen.

In den USA wurde jetzt ein Patent für Bart-Werbung eingereicht.

Bartträger erhalten am Tag 5 Dollar, wenn sie sich ein Clip-Billboard im Bart befestigen.

Und an jedem Bart-Billboard verdient der Erfinder.

Auch das ist wieder eine Idee, die so verrückt ist, dass man nicht an den Erfolg glauben mag, aber die US-Medien haben das Thema begeistert aufgenommen und so dafür gesorgt, dass die Idee bekannt und auch angenommen wird.

Webseite: http://beardvertising.com/

Werbung auf Schafen

Der englische Bauer James Metcalfe wollte auf seiner Wiese eigentlich eine Werbetafel aufstellen, bekam dafür aber keine Genehmigung. Also hat er sich entschieden, seine 20 Schafe als lebende Werbebotschafter zu nutzen.

Das Ganze war völlig unproblematisch, weil es in Großbritannien Sprühfarbe zur Markierung von Schafen aus der Dose gibt. So konnte er seine Schafe im Handumdrehen zur Werbefläche machen. Nach der Schur wächst die Wolle nach und das Schaf kann in der nächsten Saison eine neue Werbebotschaft tragen.

In Deutschland gibt es 2,5 Mio. Schafe.

Wer hier zwischen den Bauern und den Werbetreibenden vermitteln könnte, hätte eine Menge zu tun.

Dienstleistungen & Service

Was können Sie anbieten, was andere Menschen brauchen oder gerne haben würden? Wie können Sie anderen Menschen helfen? Womit können Sie anderen Menschen Arbeit abnehmen? Gibt es einen Service, den Ihre Mitbewerber nicht anbieten? Einen Service, der Sie aus der Masse ausscheren lässt?

Lassen Sie sich von folgenden Geschäftsideen inspirieren.

Nachlass-Hopping

Auf den ersten Blick hört sich die Idee des Nachlass-Hoppings pietätlos an, aber auf der anderen Seite - sind wir doch einmal ehrlich: Wenn wir einen Nachlass aufzulösen haben, dann landen viele Gegenstände bei eBay oder in einem anderen Auktionshaus, auf dem Flohmarkt oder sogar im Müllcontainer.

In Österreich hat ein Unternehmer mit dem Nachlass-Hopping eine Marktlücke entdeckt, die bereits viele Fans gefunden hat.

Für 10 Euro Eintritt können Nachlass-Hopper alles aus der Wohnung eines Verstorbenen mitnehmen, was ihnen gefällt.

Über Facebook kündigt Christof Stein die nächsten Termine an und der Andrang ist groß.

Natürlich befinden sich manchmal auch sehr persönliche Gegenstände im Nachlass eines Menschen und Christof Stein weist die Nachlass-Hopper vor dem Betreten der Wohnung darauf hin, pietätvoll mit den Gegenständen umzugehen und die Nachlass-Hopper halten sich daran, denn schließlich wollen sie auch beim nächsten Nachlass-Hopping dabei sein.

So geht trotz Schnäppchenjägermentalität alles sehr gesittet zu.

Nachlass-Hopping ist für alle Beteiligten eine Win-win-Situation. Die Nachlass-Hopper können unter Umständen für 10 Euro echte Schätze ergattern, die Angehörigen des Verstorbenen müssen sich nicht um die Wohnungsauflösung kümmern und sie machen vielen Menschen eine Freude mit Gegenständen, die sonst vielleicht entsorgt worden wären.

Der Veranstalter in Österreich hat bei seinem Nachlass-Hopping keine finanziellen Interessen, er verteilt das eingenommene Geld unter den Mitarbeitern, die geholfen haben, das Nachlass-Hopping zu organisieren.

Dennoch kann man aus dieser Idee sicher auch Kapital schlagen und möglicherweise auch verschiedene Eintrittspreise ansetzen.

Facebook :
https://www.facebook.com/RamschRosen

In Deutschland hat sich die Idee des Nachlass-Hoppings zwar noch nicht durchgesetzt, aber das ist vermutlich eine Frage der Zeit.

Eine Webseite, auf der Sie ein Nachlass-Hopping eintragen können, gibt es bereits:

http://www.nachlasshopping.de/

Fertigen Gemüsegarten vermieten

In einigen stadtnahen Gebieten gibt es fertige Gemüsegärten für Hobbygärtner zu mieten.

Auf den Parzellen, die ca. 50 qm oder 100 qm groß sind, wurden bereits Gemüsekulturen, Kräuter und Blumen gesät.

Der Hobbygärtner kann dann für eine Saison die Pflege inkl. Bewässerung übernehmen und das ökologisch angebaute Gemüse zum Selbstverzehr ernten.

Die wenigen Angebote, die es gibt, sind schnell ausgebucht, die Nachfrage ist also größer als das derzeitige Angebot und damit ist das für Landbesitzer eine interessante Geschäftsidee.

Pro Saison zahlt der Hobbygärtner ab 155 Euro für eine kleine Parzelle mit 50 qm.

Der Eigentümer bereitet dafür die Parzelle vor und stellt ein Grundsortiment an allen erforderlichen Gartengeräten und Wasser zum Gießen vor Ort zur Verfügung. Ein Service, der sich auszahlt und begeistert angenommen wird.

Webseite: http://www.gartenglueck.info

Lieferservice für alles und jeden

Probleme sind da, um gelöst zu werden, und genau das hat Alexander Borstel aus Niedersachsen getan.

Eine Party, bei der die Getränke ausgegangen sind und niemand mehr fahren konnte, gab den Ausschlag dafür, einen Kurierdienst ins Leben zu rufen, der Probleme dieser Art lösen kann.

Bei bidcourier kann jeder Lieferant werden und zustellen, was andere gerade benötigen.

Das könnte eben der Getränkenachschub für eine Party sein, aber auch der Transport einer Waschmaschine, die Überführung von Fahrzeugen und selbst der von vielen so lang ersehnte McDonalds-Lieferservice lässt sich mit bidcourier arrangieren.

Der Auftraggeber stellt bei bidcourier seinen Lieferwunsch ein und die Lieferanten geben ein Gebot ab, zu welchem Preis sie den Auftrag erledigen würden.

Kommt eine Vermittlung zustande, zahlt der Lieferant 10 % Provision.

Wichtig wird es bei diesem Modell, die kritische Masse zu erreichen.

Wenn ich eine Essensbestellung aus einem Restaurant habe, das keinen Lieferservice anbietet, muss es schnell gehen, d. h., es müssen ausreichend Lieferanten zur Verfügung stehen, die diesen Auftrag übernehmen würden.

Die Umsetzung dieser Idee zeigt, wie aus einem Problem eine Geschäftsidee entstehen kann.

Noch fehlen einige Funktionen, wie z. B. Echtzeitbenachrichtigungen bei zeitkritischen Aufträgen, aber das hat die Gründer nicht davon abgehalten, den Start zu wagen.

Diese Entscheidung, wann man eine Geschäftsidee öffentlich vorstellt, ist grundsätzlich schwierig.

Startet man zu früh, setzt man sich der Gefahr aus, dass Kunden abspringen, weil eben vielleicht noch einige wichtige Funktionen fehlen.

Feilt man zu lange, findet man immer wieder Dinge, die noch implementiert werden müssen, und verzettelt sich leicht in Detailfragen, die aus einer Idee ein Endloskonzept für die Schublade machen, und die nie das Licht der Öffentlichkeit erblickt.

Hier gilt es genau abzuwägen, – nicht zu früh zu starten, aber auch nicht zu lange zu warten.

Bidcourier hat übrigens eine Erfahrung gemacht, die andere Gründer vor der Unternehmensgründung unbedingt bedenken sollten:

Der ursprüngliche Name musste geändert werden, weil der Name in der Entwicklungsphase von einem anderen Unternehmen geschützt wurde.

Bei einer Unternehmensgründung ist es also wichtig, vorher zu recherchieren, ob es Probleme mit der geplanten Namensgebung geben könnte.

Webseite: http://www.bidcourier.de/

Taxidienst nur für Frauen

Frauentaxis findet man in New York, Beirut, London, Moskau, Dubai, Barcelona und vielen anderen Metropolen dieser Welt, in Deutschland gibt es nur wenige Frauentaxis, und die findet man vor allem nicht dort, wo die Nachfrage am höchsten wäre: in Großstädten.

Neben dem Sicherheitsaspekt locken die Frauentaxis sogar mit vergünstigten Preisen und schaffen so zusätzlich einen Anreiz, das Taxi zu nutzen.

Den wohl bekanntesten Taxidienst für Frauen gibt es in Großbritannien. Die Pink Ladies fahren pinkfarbene Taxis, tragen pinkfarbene Uniformen und transportieren nur Mitglieder des Frauen-Klubs.

10 Pfund (umgerechnet ca. 11,60 Euro) kostet die Mitgliedschaft im Jahr. Zusätzlich muss ein Guthaben hinterlegt werden, aus dem die Taxifahrten dann beglichen werden.

Neben Taxifahrten bieten die Pink Ladies weitere Dienstleistungen von Frauen für Frauen an, wie z. B. die Begleitung zu einer Verabredung.

So weit muss es gar nicht gehen.

Ein Taxidienst von Frauen für Frauen setzt nicht die Anschaffung pinkfarbener Taxis voraus, es reicht, wenn eine weibliche Fahrerin ausschließlich weibliche Gäste befördert.

Man könnte argumentieren, dass es gar nicht genug weibliche Taxifahrerinnen gibt, aber das liegt vielleicht auch daran, dass die Taxifahrerinnen ihrerseits Bedenken haben, nachts auf den Straßen der Großstadt unterwegs zu sein.

Warum sollte ein Dienst, der überall auf der Welt zu funktionieren scheint, sich nicht auch in Deutschland flächendeckend durchsetzen lassen?

Webseite: http://www.pinkladies.co.uk/

Karaoke-Taxi

Bei dieser Geschäftsidee geht es vor allem darum, aufzuzeigen, wie man sich von der Masse abheben kann.

Taxifahrer zu sein, ist sicher ein anstrengender Job. An schlechten Tagen wartet man stundenlang auf Fahrgäste, die dann im schlimmsten Fall nur drei Ecken weiter gefahren werden wollen.

Ich bin relativ viel mit dem Taxi unterwegs und habe mich schon oft gefragt, warum so wenige Taxifahrer versuchen, aus einem einmaligen Fahrgast einen Stammgast zu machen.

Muffelig, unfreundlich, genervt geht es auf teilweise abenteuerlichen Wegen zum Ziel und dann zurück zum Halteplatz, wo der Fahrer sich in die Schlange der wartenden Taxifahrer einreiht und auf den nächsten Gast warten muss.

Nizamettin Kilincli, ein Taxifahrer aus Münster, muss nicht lange auf Fahrgäste warten.

Er bietet in seinem Taxi Karaoke-Fahrten an und das Geschäft läuft seitdem viel besser.

In seinem Großraumtaxi stimmen sich die Gäste auf den Partyabend ein und singen sich warm.

Die Gäste wählen die Songs, die sie gerne singen würden, und schon läuft auf dem Bildschirm, der von der Decke hängt, der Text zum Mitsingen.

Teilweise muss er sogar eine Extrarunde drehen, weil die Fahrgäste den Song vor dem Aussteigen beenden wollen.

Und wen wundert es, dass er viele Stammgäste hat, die mit ihm ins Wochenende starten.

Der Karaoke-Service kostet keinen Cent extra, aber wenn ich am Wochenende die Wahl habe zwischen einem Taximuffel und einer Partykanone, stellt sich nicht die Frage, für wen ich mich entscheide.

Ein weiterer schöner Nebenaspekt für den Taxifahrer: Auch er hat mehr Spaß mit den Fahrgästen und vor allem sind sie auch nach einer durchgefeierten Nacht noch immer friedlich, denn wer singt, pöbelt nicht.

Nizamettin Kilincli hat sich entschieden, aus der Masse auszuscheren, und der Erfolg ließ nicht lange auf sich warten.

Es sind manchmal Kleinigkeiten, die darüber entscheiden, ob man erfolgreicher sein kann als die Mitbewerber.

In Osnabrück gibt es den zweiten Karaoke-Taxifahrer in Deutschland.

Dieter Lutz wird liebevoll Krawattendieter genannt, weil er immer in Anzug und Krawatte fährt, und er kann sich seine Fahrgäste längst aussuchen. Muffel kommen ihm nicht ins Taxi, aber die muss er heute auch nicht mehr transportieren, denn auch er ist ständig ausgebucht. Fahrgäste müssen auch schon einmal längere Wartezeiten in Kauf nehmen, wenn sie mit ihm fahren möchten.

Er setzt sogar noch einen drauf: Weil er so bekannt und beliebt ist, hat er sogar einen Sponsor für sein Taxi gefunden.

Davon können Taxifahrer sonst nur träumen.

Webseite: http://www.karaoketaxi-muenster.de/

Mobile Ladestationen

Wer kennt das nicht? Ausgerechnet unterwegs macht der Akku schlapp und ein Ladekabel hat man natürlich nicht dabei, im schlimmsten Fall hat man noch nicht einmal einen Stromanschluss in der Nähe, den man benutzen könnte.

Ganz vereinzelt gibt es bereits Aufladestationen für Handys, Laptops oder Kameras, aber längst noch nicht flächendeckend.

Hier wäre noch viel Potenzial auszuschöpfen.

10 Minuten Strom für 1 Euro - wer würde das nicht bezahlen, wenn ihm der Saft ausgegangen ist? Das passende Kabel dazu zum Aufpreis von 1 Euro - gebucht.

Besonders bei Großveranstaltungen könnte so eine mobile Ladestation sicher gute Umsätze erzielen, aber natürlich könnte man auch über fest installierte Ladestationen an Flughäfen, Bahnhöfen oder in Einkaufszentren nachdenken.

Schlange stehen

Ein zugegebenermaßen etwas schräges Geschäftsmodell, aber eines, das funktioniert:

Schlange stehen für andere, die weder Zeit noch Lust haben, Schlange zu stehen, um z. B. begehrte Eintrittskarten, die neuesten Apple-Geräte oder die ersten Plätze bei einem Sonderverkauf zu ergattern.

2011 hat die Studentin Amanda Foote zwei Tage vor dem Apple Store in der 5th Avenue in New York auf den offiziellen Verkaufsstart des iPad 2 gewartet.

Ihren ersten Platz in der Reihe hat sie dann für 900 Dollar verkauft.

Angebote, bei denen die Menschen auch in Deutschland schon Stunden oder gar Tage vor dem Verkaufsstart Schlange stehen, gibt es immer wieder.

Klassisch natürlich, wenn es um begehrte und limitierte Eintrittskarten geht, aber selbst vor H&M-Geschäften kann man Stunden, bevor das Geschäft eröffnet, bereits die ersten Fashion-Victims beobachten, wenn ein gefragter Designer, dessen Mode normalerweise unerschwinglich ist, sich die Ehre gibt und eine

Sonderkollektion für H&M entwirft, die innerhalb von Stunden ausverkauft ist.

Selbst vor Großstadtklubs ist es fast schon üblich geworden, die wartende Menge am Wochenende in einer Schlange stehen zu lassen. Hier kann man mit Schlange stehen sicher kein Vermögen verdienen, aber für ein Taschengeld am Wochenende sollte es reichen.

Im Netz habe ich über einen Unternehmer in der Ukraine gelesen, der sogar mehrere Mitarbeiter beschäftigt, die professionell Schlange stehen. Er hat aus der Tatsache, dass Menschen in der Ukraine stundenlang bei Behörden anstehen müssen, um ihr Anliegen vorzutragen, ein Geschäft gemacht. Seine professionellen Schlangesteher übernehmen die Warterei und rufen den Auftraggeber, kurz bevor er an der Reihe ist, an.

Steht ein Medienspektakel bevor, wie z. B. vor Kurzem die Geburt des königlichen Nachwuchses in Großbritannien, ist es durchaus üblich, dass Journalisten sich den Platz in der ersten Reihe gegen Bezahlung freihalten lassen, wenn sie den Ort kurz verlassen.

Fernsehsender mieten sogar Taxis an, um den Platz für ihre Sendewagen zu sichern.

Ich kann mir durchaus vorstellen, dass es auch in Deutschland einige Menschen gibt, die lieber

Summe x bezahlen, als über Stunden selbst in der Schlange zu stehen!

Grundsätzlich gibt es mit "Schlange stehen" sogar zwei verschiedene Möglichkeiten Geld zu verdienen.

Gerade limitierte Produkte, wie z. B. Designermode von H&M oder begehrte Eintrittskarten, erzielen im Netz bereits unmittelbar nach dem Verkaufsstart oft deutlich höhere Preise. Wer seinen begehrten Schatz verkauft, kann oft einen ordentlichen Gewinn einstreichen.

Feilschen für den guten Preis

Es gibt Menschen, die nicht verhandeln können, und andere, die es gar nicht wollen, weil es ihnen unangenehm ist, um den Preis zu feilschen.

Dabei kann man viel Geld sparen, wenn man gut feilschen kann.

Dann gibt es wieder Menschen, die so viel Spaß am Feilschen haben, dass es ihnen am Ende schon gar nicht mehr um den Preis, sondern nur um den „Gewinn“ an sich geht.

Das Szenario ist jedem bekannt: Der Kunde, der sich einmal in zehn Jahren ein neues Auto, eine neue Küche, eine neue Wohnlandschaft oder einmal im Leben ein Haus kauft, trifft auf einen Profi-Verkäufer, der jeden Tag mit Kunden verhandelt.

Natürlich liegt der Verkäufer damit in der Regel vorne und nutzt das fehlende Verhandlungsgeschick des Käufers aus.

Ein guter Verkäufer gibt dem Kunden auch dann noch das Gefühl, den denkbar besten Preis ausgehandelt zu haben, wenn der Verhandlungsspielraum nicht einmal im Ansatz ausgereizt wurde.

Im Netz habe ich keine „Profi-Feilscher“ gefunden, die das Handeln im stationären Handel übernehmen würden, und dabei halte ich das für eine sehr gute Geschäftsidee.

Sparen wollen alle, warum also kein Geschäft daraus machen?

Wichtig ist, dass der Kunde nur im Erfolgsfall zahlen muss und dass es sich für beide Seiten lohnt.

Hier könnte man prozentuale Beteiligungen aushandeln. Wenn z. B. ein Neuwagen 20.000 Euro kostet und Sie in der Lage wären, einen Nachlass von 25 % auszuhandeln, sodass der

Kunde nur noch 15.000 Euro zahlen muss, könnten Sie 20-30 % Provision auf den ausgehandelten Rabatt verlangen, das wären dann 1000-1500 Euro.

Denkbar sind dabei unterschiedliche Szenarien: Würde der Kunde in diesem Fall sagen, dass er sich selbst zutrauen würde, den Preis auf 18.000 Euro zu drücken und sie könnten den Wagen dann für 15.000 Euro bekommen, läge die Ersparnis für den Kunden bei 3000 Euro, aber auch dann hätten Sie eine Provision von 600-900 Euro verdient.

Wichtig ist nur, dass der Kunde den Wagen dann auch kauft, sonst nimmt man Sie auf Dauer im Autohaus als Verhandlungspartner nicht ernst.

Bei Häusern oder Eigentumswohnungen könnten Sie eine geringere Provision von 5-10 % nehmen, dafür aber z. B. bei Möbeln die Höchstgrenze von 30 % ausreizen.

Handwerker-Kontrolleur

Immer wieder ein beliebtes Thema bei den privaten Fernsehsendern ist die Aufzeichnung von Handwerker-Dienstleistungen mit versteckter Kamera und die Ergebnisse sind fast immer niederschmetternd. Als Verbraucher ist man den Handwerkern hilflos ausgesetzt und viele scheinen das leider kaltblütig auszunutzen.

Auch die Stiftung Warentest hat Waschmaschinen-Reparaturdienste getestet. Nur einer von sechs geprüften Monteuren hat einen angemessenen Preis verlangt, und auch seine Leistung war nicht ohne Beanstandung, weil er ein defektes Netzkabel übersehen hat.

Drei Monteure haben teure Teile ausgetauscht, die gar nicht kaputt waren, zwei kassierten sogar für eine ausgetauschte Pumpe, die sie gar nicht eingebaut haben.

Verbraucher können nicht abschätzen, welche Ersatzteile getauscht werden müssen und wie viel Zeit eine Reparatur in Anspruch nehmen kann.

Ein unabhängiger Kontrolleur könnte hier Abhilfe schaffen und schon vor der Reparatur sagen, wie hoch die zu erwartenden Reparaturkosten sein werden.

Wenn der Kunde weiß, welcher Fehler vorliegt und wie er zu beheben ist, wird es für den Handwerker schwierig, ihn übers Ohr zu hauen.

Wichtig ist natürlich, dass der Kontrolleur selbst keine Reparaturen ausführt und auch keine

Handwerker vermittelt, um seine völlige Unabhängigkeit zu demonstrieren.

Reparaturservice für Smartphones

Als ich von dem Berliner Start-up Fixxoo gelesen habe, konnte ich kaum glauben, dass das Unternehmen mit seinem Angebot als eines der ersten überhaupt am Markt gestartet ist.

Fixxoo repariert Smartphones, Tablets und auch Spielkonsolen zu verbindlichen Festpreisen und verwendet dabei ausschließlich Original-Ersatzteile.

Schon bei der Navigation kann das Unternehmen punkten, denn die Seite reduziert sich auf das Wesentliche und ist damit intuitiv zu bedienen.

Nachdem man sein Gerät ausgesucht hat, wählt man aus, welchen Fehler das Gerät hat, z. B. einen Wasserschaden, ein kaputtes Display oder ein Software-Problem und schon bekommt man den Festpreis angezeigt, den die Reparatur kosten würde. Die möglichen Fehler sind noch einmal detailliert beschrieben, sodass der Nutzer hier entscheiden kann, ob sein Gerät den ausgewählten Fehler hat.

Für Handybesitzer, die nicht wissen, was kaputt ist, bietet Fixxoo eine Ferndiagnose per Telefon, E-Mail oder Chat an.

Hat man die Auswahl getroffen, schickt man das Gerät ein und erhält es nach wenigen Tagen repariert und mit einem Jahr Garantie zurück. Die Kosten für den Hin- und Rückversand sind bereits im Festpreis enthalten.

Wer sein Handy selbst reparieren möchte, kann sich bei Fixxoo die Original-Ersatzteile bestellen und mit detaillierten Reparatur-Anleitungen und Videos selbst Hand anlegen.

Das Unternehmen ist erst 2012 gestartet, bekommt aber heute bereits bis zu 200 Geräte pro Tag zugeschickt und hat schon wenige Monate nach dem Start einen Umsatz von mehr als einer Million Euro erzielt.

Schon jetzt beschäftigt das Unternehmen 30 Mitarbeiter und Wilm Prawitt, der Gründer und Geschäftsführer von Fixxoo, hat noch vieles vor.

So ist es ihm bereits jetzt gelungen, Großkunden wie die BVG (Berliner Verkehrsbetriebe) an Land zu ziehen, die die Geräte ihrer Mitarbeiter bei Fixxoo reparieren lassen. Und auch kleinere Elektronikhändler schicken bereits die Geräte ihrer Kunden an Fixxoo und erhalten dafür eine Provision.

In den nächsten Jahren wird Wilm Prawitt alle Hände voll zu tun haben, denn die immer ausgefeiltere Technik der Geräte macht sie leider auch anfälliger für Probleme.

Webseite: http://www.fixxoo.de/

Ersatzschlüssel per Post verschicken

In den USA ist gerade ein Dienst gestartet, dem ein Foto reicht, um einen Schlüssel zu kopieren und ihn dann für 5 Dollar per Post zu verschicken.

Zugegeben, die Idee ist nicht ohne.

Was, wenn jemand meinen Schlüssel heimlich fotografiert und ihn dann nachmachen lässt?

Was, wenn die Betreiber eines solchen Dienstes nicht seriös sind, denn im Gegensatz zum herkömmlichen Schlüsseldienst haben sie meine Anschrift.

Auf der anderen Seite ist es Studenten gerade gelungen, einen Hochsicherheitsschlüssel mit einem 3-D-Drucker nachzumachen, und auch hier hat es in einem Test ausgereicht, den Schlüssel lediglich zu fotografieren und das Foto dann entsprechend aufzubereiten.

Es ist also eine Frage der Zeit, bis wir uns dem Problem ohnehin stellen müssen.

Wenn es gelingt, die Bedenken vom Tisch zu fegen und Schlüssel nur gegen eindeutige Identifikation zu verschicken, kann die Idee auch in Deutschland funktionieren.

Auf der amerikanischen Seite kann z. B. ausschließlich per Kreditkarte bezahlt werden und der Schlüssel muss in der Hand gehalten werden, wobei die Finger sichtbar sein müssen.

Um in Deutschland einen Schlüsseldienst zu eröffnen, benötigt man lediglich ein Führungszeugnis und natürlich einen Gewerbeschein. Ob ein Online-Schlüsseldienst weitere Auflagen zu erfüllen hätte, müsste geklärt werden.

Webseite: http://keysduplicated.com/

Blumensträuße konservieren

Vor Kurzem habe ich bei einer Hochzeit den Brautstrauß gefangen und hatte die Idee, ihn konservieren zu lassen, um ihn dem Brautpaar zum zehnten Hochzeitstag zu schenken.

Ich war ehrlich erstaunt, dass es offensichtlich keinen Dienstleister gibt, der das anbietet, obwohl die Nachfrage enorm ist.

Seitenweise findet man bei Google Fragen, Tipps und Ratschläge zum Trocknen von Blumensträußen. Stundenlang kann man sich damit auseinandersetzen, wie man einen Blumenstrauß am besten trocknen kann.

Die einen schwören auf Salz, die nächsten auf Waschpulver, Haarspray und selbst Glycerin wird vorgeschlagen, aber es scheinen auch massenhaft Probleme aufzutreten, weil die Blumen oft die Farbe verlieren oder einfach nicht mehr ansehnlich sind.

Ich habe mich gefragt, warum kein Profi sich dieses offensichtlich stark nachgefragten Themas annimmt und das Trocknen von Sträußen übernimmt?

Geht das vielleicht gar nicht?

Fündig geworden bin ich dann in Großbritannien.

Dort gibt es einen Konservierungsservice für Blumensträuße und damit war meine Befürchtung, dass es vielleicht tatsächlich nicht möglich ist, Blumen professionell zu konservieren, aus dem Weg geräumt.

Das Unternehmen existiert bereits seit über 20 Jahren, damit steht dann wohl auch fest, dass man mit diesem Service erfolgreich sein kann.

Wenn jemand Blumen zum Konservieren gibt, dann ist ihm dieser Strauß besonders wertvoll und entsprechend liebevoll werden die Sträuße behandelt.

Einzelne Blumen oder kleinere Gebinde können in transparenten Acrylformen untergebracht werden, größere Sträuße werden auf eine Leinwand gezogen, die zusätzlich mit Bildern oder mit Grußtexten geschmückt werden kann.

Das hier ein Profi mit Liebe zum Detail am Werk ist, sieht man auf den ersten Blick und gäbe es Vergleichbares in Deutschland, hätte er vermutlich viel zu tun!

Webseite: http://www.flowersforever.co.uk/

Mobiler Wäscheservice

Obwohl die Waschmaschine ein technisches Gerät mit Stecker ist, bleibt dieses Gerät für viele Männer ein Rätsel.

Und hinter der Waschmaschine lauert dann auch noch der nächste Feind: das Bügeleisen.

Hemden landen oft in der Reinigung, nur gibt es da das Problem, dass die Öffnungszeiten nicht immer mit der arbeitenden Bevölkerung abgestimmt sind, und neben Hemden gibt es Jeans, Shirts, Socken und Unterwäsche, die vor der Zerstörung gerettet werden wollen.

Ich kenne erwachsene Single-Männer, die tatsächlich darauf warten, dass ihre Mutter alle zwei Wochen zu Besuch kommt und die Wäsche wäscht! Das muss nicht sein.

In einigen Städten wie in Hamburg und München gibt es mobile Reinigungen, die Wäsche zu Hause oder im Büro abholen und zwei Tage später gewaschen und gebügelt wieder abliefern.

Auf Wunsch ist sogar eine Expresslieferung am gleichen Tag möglich.

Ich könnte mir gut vorstellen, dass es hier einen Bedarf geben würde und mobile Wäschedienste auch in anderen Großstädten funktionieren würden.

Webseite: http://www.easyclean-reinigung.de/

Klamotten veredeln

Individualität steht hoch im Kurs und wer über eine kreative Ader verfügt, kann anderen dabei helfen, ihre Klamotten einzigartig zu machen.

Ob mit Pailletten, Strass, Perlen, Nieten, individuellen Stickereien, ausgefallenen Malereien - der Fantasie sind dabei keine Grenzen gesetzt.

In Absprache mit dem Kunden wird ein Design entwickelt, das aus jedem Kleidungsstück ein individuelles Designerstück macht, das garantiert einzigartig ist.

Repassieren

Die Kunst des Repassierens - das Aufnehmen von Laufmaschen beherrschen in Deutschland leider nur noch sehr wenige.

Dabei gibt es nicht nur sündhaft teure Strümpfe und Strumpfhosen, die auch nicht vor Laufmaschen geschützt sind - bei der Recherche bin ich auch darauf gestoßen, dass Träger von Kompressionsstrümpfen beklagen, dass die Krankenkassen Kompressionsstrümpfen einen viel zu langen Lebensrhythmus einräumen.

Gehen sie vor Ablauf der Zeit kaputt, müssen neue angeschafft werden und viele können sich das kaum leisten.

Es gibt einige wenige, die die Laufmaschen-Reparatur online anbieten, aber diese Anbieter sind so gut versteckt, dass man sie nur nach intensiver Recherche findet, und dazu kommt, dass viele erst gar nicht danach suchen, weil sie nicht wissen, dass es so einen Service überhaupt gibt.

Eine Laufmasche aufzunehmen, kostet um die 6 Euro und bei Strumpfhosen, die gerne einmal 40 Euro und auch deutlich mehr kosten können, lohnt sich das.

Für diejenigen, die sich in der Lage sehen, Laufmaschen professionell aufzunehmen und dabei auf einen Marketing-Profi zurückgreifen können, der diese Möglichkeit erst einmal bekannt macht, wäre das ein lohnendes Geschäftsfeld.

Menschen zum Abnehmen motivieren

Würde man die Bereiche auswählen, in denen sich viele schwarze Schafe tummeln, die Menschen mit Versprechen, die sie nicht halten können, viel Geld aus der Tasche ziehen, wäre das Thema „Abnehmen" ganz sicher mit dabei.

Bei den Recherchen zu diesem Buch sind mir viele fragwürdige Geschäftsideen über den Weg gelaufen, über die ich nicht mit gutem Gewissen schreiben könnte, aber eine Idee zum Thema Abnehmen hat mir sehr gut gefallen:

Abnehmwillige Menschen mithilfe von Photoshop zu motivieren.

Diese Menschen schicken ein Bild im Istzustand ein und bekommen ein bearbeitetes Bild zurück, das sie mit ihrem Wunschgewicht zeigt.

Auf Wunsch können die Bilder auch in einzelnen Schritten bearbeitet werden.

Wie sehen Sie heute aus, wie in sechs Monaten, wenn Sie 10 kg abgenommen haben und wie in einem Jahr, wenn Sie die anvisierten 20 kg geschafft haben?

Die Bilder kann man sich zusätzlich z. B. als Kühlschrankmagnet bestellen und dann zur Motivation aufhängen.

Webseite:
http://www.thinnerview.com/products-en.php

Ghostwriter

Es gibt Menschen, die viel zu erzählen haben, aber nicht schreiben können oder wollen.

Aber diese Menschen wollen auch, dass ihre Geschichte veröffentlicht wird.

Früher war das recht schwierig, aber heute kann jeder seine Geschichte veröffentlichen, selbst wenn er sich eines Ghostwriters bedient, der seine Geschichte zu Papier bringt.

So gibt es z. B. bis heute nur einige wenige professionelle Autobiografieautoren.

Gerade ältere Menschen haben oft den Wunsch, ihre Erfahrungen und Erinnerungen nicht nur an die eigenen Nachkommen weiterzugeben.

Hier hat der Ghostwriter die Aufgabe, diese Erinnerungen so zu schreiben, dass daraus eine lesenswerte Autobiografie wird, die nicht nur die Familie, sondern auch fremde Menschen in den Bann zieht.

Der Selbstverleger-Markt, auf den ich später noch eingehen werde, steckt noch in den Kinderschuhen, wächst aber extrem und gute Ghostwriter werden in Zukunft gesucht werden.

Beratung, Training & Schulung

Wer auf seinem Gebiet Experte ist, hat gute Chancen, daraus Kapital zu schlagen.

Dabei spielt das Fachgebiet kaum eine Rolle, wie die folgenden Beispiele zeigen.

Eine Geschäftsidee, bei der selbst ich skeptisch gewesen wäre, wenn mir jemand erzählt hätte, dass er sich in diesem Bereich etablieren möchte, ist die High-Heels-Schule, in der Frauen lernen, auf High Heels zu laufen, aber sie funktioniert und auch andere Experten haben ihre Geschäftsidee gefunden.

Ein Tipp: Geben Sie bei der Google-Suche „Experte für a" ein und gehen dann das ganze Alphabet durch - also ersetzen Sie a mit b, dann mit c usw.

Sie werden staunen, wofür alles Experten gesucht werden.

Vielleicht ist Ihr Gebiet dabei und Sie können etwas daraus machen?

High-Heels-Schule

Bis vor Kurzem dachte ich, problemlos auf High Heels laufen zu können, wenn ich mir aber die Berichte über die High-Heels-Schule WalkOnHeelz ansehe, bin ich mir nicht mehr so sicher.

Zügig und ohne die Absätze zu ruinieren, über ein Schachtgitter laufen oder einfach nur die Hürde Kopfsteinpflaster zu nehmen – das ist die Kunst, die die Teilnehmerinnen in der High-Heels-Schule lernen.

Daneben geht es um Grazie und souveränes Stöckeln, der richtige Hüftschwung wird geübt und es wird an der perfekten Körperspannung gearbeitet.

Seit 2009 unterrichtet die ehemalige Tänzerin Ksenia Kotina Stiletto-Trägerinnen, und wer denkt, dass sich nur einige wenige „Sex and the City"-Fans zu ihr verirren, irrt sich gewaltig.

Über 1000 High-Heels-Trägerinnen und auch einigen Männern hat die Russin bereits das richtige Laufen auf High Heels beigebracht.

Der klassische Kurs dauert drei Stunden und kostet 99 Euro, Einzelunterricht gibt es für 60 Euro die Stunde.

Stationiert ist Ksenia Kotina in Berlin, aber sie gibt auch Kurse in anderen deutschen Städten. Ein eigenes Studio unterhält sie nicht, bei Bedarf mietet sie sich in verschiedenen Tanzstudios ein.

Neben der High-Heels-Schule bietet Ksenia Kotina Catwalk-Laufkurse für angehende Models und Tanzkurse für Heelsträgerinnnen an. In Zukunft kann sie sich auch Kooperationen vorstellen, z. B. mit einer Visagistin. So erweitert sie ihr Geschäftsfeld und sichert sich ihren Vorsprung.

Sie war die Erste, die in Deutschland eine High-Heels-Schule angeboten hat, mittlerweile gibt es auch Schulen in anderen Städten, aber längst noch nicht in allen.

Diese Geschäftsidee zeigt, dass auch Nischen gut zu besetzen sind, wenn man den Mut hat, sie zu erobern, und es professionell angeht.

Webseite: http://walkonheelz.de/

Digitaler Fitness-Trainer

Mit dem Online-Fitnessstudio hoersport bieten Tim Bärmann und Dr. Sven Ehlert einen digitalen Fitness-Trainer für zu Hause an.

Schon ab 7,95 Euro pro Monat bekommen Fitnessfans ihr Trainingsprogramm als Audiolektionen im MP3-Format zusammengestellt und können trainieren, wann und wo sie wollen.

Wie bei einem Personal-Trainer wird zunächst ein individuelles Trainingsprogramm erstellt, das auf die Bedürfnisse des Trainierenden ausgerichtet wird.

Das eigene Fitnesslevel wird dabei genauso berücksichtigt, wie die persönlichen Ziele.

Um keine Langeweile aufkommen zu lassen, bekommt der Trainierende häufig neue Übungen, deren Schwierigkeitsgrad sich im Laufe der Zeit erhöht.

Hoersport schließt damit die Lücke zwischen Fitnessstudio und Personal-Trainer.

Nicht jeder möchte zusammen mit anderen im Fitnessstudio trainieren, scheut aber auch die Kosten für einen Personal-Trainer.

Hoersport bietet individuelle Trainingseinheiten zu Preisen an, die unter denen eines Monatsbeitrages für ein Fitnessstudio liegen.

Weitere Pluspunkte sind die flexibel gestaltbare Trainingszeit und die Tatsache, dass der Vertrag jederzeit kündbar ist.

Die beiden Unternehmer haben als Experten auf ihrem Gebiet erkannt, was man am Markt besser machen kann und haben diese Idee erfolgreich umgesetzt.

Diese Geschäftsidee könnte man auch auf andere Bereiche übertragen.

Spontan denke ich z. B. an Reha-Trainingseinheiten nach Operationen.

Webseite: http://www.hoersport.de

Make-up-Beratung via Skype

Make-up-Beratungen werden üblicherweise von Kosmetikstudios oder Parfümerien angeboten. Die Kundinnen erhalten individuelle Schminktipps und lernen ihre Vorzüge zu betonen und kleinere Schönheitsmakel zu kaschieren.

In den USA gibt es einige Make-up-Profis, die diesen Service auch per Skype anbieten.

Die Nachfrage scheint groß zu sein.

So nimmt einer der amerikanischen Profis, der nach seinen Angaben bereits Kundinnen aus Großbritannien, Kanada, Australien, Neuseeland, Südafrika, Irland, Indien und China via Skype beraten hat, aktuell keine Neukunden mehr an, weil er ausgebucht ist, und das, obwohl es in den USA einige Mitbewerber gibt.

In Deutschland ist dieser Markt aktuell noch fast unerschlossen, obwohl das Potenzial sicher vorhanden wäre.

Webseite:
http://www.jacquiphillips.tv/Makeup-Lessons-on-Skype.aspx

Crowdfunding-Spezialist

Crowdfunding ist eine alternative Möglichkeit der Finanzierung abseits der üblichen

Finanzierungsformen über Banken, Freunde oder Verwandte.

Auf der Crowdfunding-Plattform kann derjenige, der Geld für ein Projekt, für ein Produkt oder die Umsetzung einer Geschäftsidee benötigt, nach Geldgebern suchen.

In der Regel wird die Gesamtsumme von vielen einzelnen Menschen (Crowd) aufgebracht, die dafür je nach Investment eine vorher vereinbarte Gegenleistung z. B. Rechte, Geld oder auch Sachleistungen erhalten.

Der Geldnehmer legt vorher fest, welche Summe er benötigt und welche Gegenleistung den Geldgeber erwartet, wenn er vorher festgelegte Summen investiert. Das kann ein Dankeschön für ein 5-Euro-Investment sein, eine Einladung zur Gala für die Unterstützer des Projekts oder ein Stück aus einer limitierten Sonderedition des Produkts, das finanziert werden soll.

Nun kommt es immer wieder vor, dass einige Projekte überfinanziert sind, d. h., hier stellen die Investoren mehr Geld zur Verfügung, als eigentlich benötigt wird, und dann gibt es Projekte, die am Ende der Laufzeit weit von der benötigten Summe entfernt sind.

Es gibt Menschen, die ein geniales Konzept, eine tolle Idee haben, aber diese nicht so vermitteln können, dass die Crowd Appetit darauf bekommt und investiert, und hier kommt der Crowdfunding-Spezialist ins Spiel.

In den USA gibt es bereits einige Crowdfunding-Berater, die mit dem potenziellen Geldnehmer zunächst einmal abklären, ob und für welche Plattform das Projekt am besten geeignet wäre, und ihn dann auf Stunden- oder Provisionsbasis bei der Erstellung des Projekts unterstützen.

Ziel ist es, dass die Masse anspringt und das Projekt voll finanziert wird, und dabei leistet der Spezialist volle Unterstützung.

In Deutschland ist dieses Gebiet noch nicht erschlossen und Crowdfunding wird an Bedeutung weiter zunehmen, sodass in Zukunft sicher einige Crowdfunding-Spezialisten gesucht werden!

Webseite:
http://www.ianmack.com/crowdfunding-web/crowdfunding/

Hotline-Portal

Für viele Experten wie z. B. Anwälte und Steuerberater gibt es bereits jede Menge Portale, auf denen Mandaten sofort einen Expertenrat einholen können.

Für jede Beratung erhält der Plattformbetreiber eine Provision.

Was mir im Netz immer wieder fehlt, sind Experten-Portale für die eher alltäglichen Probleme, z. B. würde ich mir ein Portal wünschen, auf dem sich Wordpress-Profis (Anmerkung: WordPress ist eine freie Software zur Verwaltung der Inhalte einer Webseite, die oft bei Blogs zum Einsatz kommt) tummeln, die ich bei Problemen schnell und unkompliziert telefonisch erreichen kann.

Natürlich finde ich heute fast alle Informationen im Netz, dazu gibt es viele Hilfe-Foren, die in der Regel sogar kostenlos sind, und dennoch glaube ich, dass Profi-Portale, auf denen ich gebündeltes Know-how finde und rund um die Uhr einen persönlichen Ansprechpartner habe, auf ein reges Interesse stoßen würden.

Und auch Experten für den Start würden sich schnell in den einschlägigen Foren finden lassen.

Ich persönlich würde lieber 10 Euro für ein kurzes Telefongespräch zahlen, als mich ewig durch die Google-Informationsflut zu navigieren, und damit stehe ich sicher nicht alleine da.

Wordpress sollte nur als Beispiel dienen, denkbar sind auch Portale für PC-Probleme im Allgemeinen, aber selbst Portale für Alltagsfragen im Haushalt wären denkbar.

An dieser Stelle ist dann Ihre Fantasie gefragt.

Bedenken müsste man in jedem Fall die Haftung für falsche Beratungen und natürlich muss man einen Weg finden, Experten zu finden, die tatsächlich Experten auf ihrem Gebiet sind und das nicht nur behaupten.

Kinder

Wenn es um Kinder geht, ist der Markt sehr sensibel.

Wenn ich darüber schreibe, dass es zu wenige Angebote gibt, die eine Rundum-Betreuung für Kinder anbieten, weiß ich, dass das auch Kritiker auf den Plan ruft, aber hier geht es um den Bedarf. Eine alleinerziehende Bäckereifachverkäuferin hat nun einmal mit den klassischen Kita-Öffnungszeiten ein Problem, wenn sie zur Arbeit muss, während alle anderen noch schlafen. Ihre Alternative wäre vielleicht von Hartz IV zu leben, und das käme dem Kind auch nicht zugute.

Und auch die Idee einen Beautysalon für Kinder zu eröffnen, wird auf viel Kritik stoßen, aber eben auch tolerante Anhänger finden, die selbstbewusste Kinder erziehen, denen ein Tag im rosa Barbiehaus nicht schaden wird.

Auch das gehört zur Selbstständigkeit. Man kann es nicht allen Menschen recht machen und es wird immer Menschen geben, die mit dem erhobenen Zeigefinger wedeln.

Wenn Sie davon überzeugt sind, mit Ihrer Idee Gutes zu tun, dann sollten Sie sich von Kritikern nicht einschüchtern lassen.

Gute-Nacht-Geschichten online vorlesen

Eine schöne Idee für Eltern, die ihren Kindern aus der Ferne persönlich eine Gute-Nacht-Geschichte vorlesen wollen, habe ich im Netz gefunden.

Die Eltern suchen sich ein Buch aus, aus dem sie gerne eine Gute-Nacht-Geschichte vorlesen möchten, und werden dann per Webcam beim Vorlesen gefilmt.

Am Ende wird die Geschichte per Mail verschickt, sodass sich die Kinder dann die Gute-Nacht-Geschichte unabhängig von jeder Zeitverschiebung vorlesen lassen können.

Die Eltern müssen bei längeren Reisen keine Bücher mitnehmen und können auf das Angebot des Shops zurückgreifen.

Auf der vorgestellten Seite müssen die digitalen Bücher gekauft werden und sie sind mit durchschnittlich 9,99 Dollar recht teuer.

Hier könnte ich mir vorstellen, dass man die Bücher nur verleiht oder sogar eine Flatrate anbietet.

Möglicherweise würde sich eine Vorlese-Seite nicht nur für Kinderbücher anbieten und wäre z. B. vielleicht auch für Bewohner eines Seniorenheims geeignet, die sich Bücher nach Wunsch vorlesen lassen könnten. Die Idee ist also ausbaufähig.

Webseite:
http://www.betherebedtimestories.com/

24-Stunden-Kita

Obwohl heute viele Menschen nicht nur nachts, im Schichtdienst, am Wochenende oder im Einzelhandel bis um 20.00 Uhr oder später arbeiten müssen, haben sich die Öffnungszeiten der Kitas in den letzten Jahren nicht verändert.

Die meisten Kitas öffnen nicht vor 07.30 Uhr und schließen spätestens um 17.00 Uhr.

Es gibt einige, wenige Kitas, die rund um die Uhr und auch am Wochenende geöffnet haben, und diese Kitas sind hoffnungslos ausgebucht und führen lange Wartelisten.

Selbst Bundeswirtschaftsminister Philipp Rösler hat bereits festgestellt: „Es gibt fast keine Öffnungszeiten in Kindertagesstätten, die mit Lebenswirklichkeiten alleinerziehender Eltern zu tun haben.“ Und auch die Bundesagentur für Arbeit spricht mit Blick auf die unflexiblen Öffnungszeiten der Kindertagesstätten von einem „grundlegenden Problem“.

Nur geändert hat das bisher nichts.

Abgesehen davon, dass insgesamt Plätze fehlen, fehlen eben auch Einrichtungen, die eine Betreuung über die üblichen Kita-Öffnungszeiten hinaus anbieten und der Bedarf wird in den nächsten Jahren weiter steigen.

Im Bereich der Kinderbetreuung gibt es abseits der klassisch angebotenen Modelle viel Bedarf, den es zu füllen gilt!

Beauty-Salon für Kinder

Diese Geschäftsidee wird polarisieren, aber sie wird auch Einzug in Deutschland halten.

In den USA sind Beauty-Salons für Kinder schon lange ein Renner, allerdings tickt der deutsche Markt anders und in diesem Fall ist das auch gut so.

Es soll nicht darum gehen, kleine Mädchen wie Erwachsene zu schminken oder die Mädchen aus dem Kindergarten auf eine Modellkarriere vorzubereiten, die der Mutter vielleicht verwehrt geblieben ist. Es geht darum, Kindern, die es mögen, einen schönen Tag zu schenken.

In München hat 2012 der erste Beauty-Salon für Kinder eröffnet und das hat erwartungsgemäß keine Begeisterungsstürme in den Medien ausgelöst.

Die Inhaberin Kerstin Kobus war selbst Model, hat den Job aber an den Nagel gehangen und hat mit einer Partnerin ein Unternehmen im Verlagswesen gegründet, in dem sie 250 Mitarbeiter beschäftigt. Als sie mit 40 Jahren Mutter wurde, entdeckte sie im Netz einen Schönheitssalon für Kinder in New York und beschloss, dieses Angebot auch nach Deutschland zu holen.

Getreu dem Klischee, dass kleine Mädchen Rosa lieben, wurde der Laden in München zum wahrgewordenen Barbietraum umgebaut, und so werden die jungen Damen zwischen fünf und fünfzehn Jahren zum Verwöhnprogramm im rosa Wellness-Tempel in Empfang genommen.

Viele kleine Mädchen werden es lieben, sich für einen Tag wie eine Prinzessin zu fühlen, und ich kann nicht sehen, dass hier ein Schaden für die Persönlichkeitsentwicklung vorprogrammiert wäre.

Sie fühlen sich einen Tag lang wie eine kleine Prinzessin und sind glücklich dabei. Das ist es doch, was für Mütter zählt.

Angeboten werden neben Massagen und Gesichtsbehandlungen auch Pyjamapartys, auf denen die Mädels in rosa Kuschelpyjamas und rosa Pantoffeln einen Film nach Wahl sehen dürfen, und Bastelpartys, auf denen die Mädchen mit ihren Freundinnen Perlenketten basteln können.

Webseite: http://monacoprincesse.de/

Tierisches

Des Menschen liebster Freund ist sein Haustier. In Deutschland leben ca. 7,4 Millionen Hunde und ca. 12,3 Millionen Katzen. Dazu kommen noch unzählige andere Haustiere wie Fische, Vögel, Meerschweinchen, Kaninchen, aber auch Exoten wie Schlangen und andere Tiere, die ihren Menschen Freude machen.

Fast 3,9 Milliarden Euro geben die Deutschen im Jahr für Futter und Zubehör aus und mit den richtigen Ideen kann man an diesem Markt teilhaben.

Entertainment für Hunde

Schöne Ideen für Mensch und Hund hält das Berliner Unternehmen Berlin mit Hund bereit.

Hier werden spannende Events angeboten, wie z. B. eine „Mörderjagd" im Grunewald, auf der ein Verbrechen aufzuklären ist.

Hund und Mensch folgen Fährten, sichern Beweise, gehen Hinweisen nach und entlarven zum Schluss den Verbrecher.

Auch im Angebot wäre die Schatzsuche im Tegeler Wald oder einfach nur eine Sightseeing-Tour durch den Berliner Tiergarten und viele andere Touren.

Eine schöne Idee für Mensch und Hund, die sicher in vielen Städten Anklang finden würde.

Webseite: http://www.berlinmithund.de/

Fitness-Training für Hund und Mensch

Das ästhetische Problem steht nicht im Vordergrund, wenn ein Hund zu dick ist, es geht vor allem auch um seine Gesundheit und das vergessen einige Hundeliebhaber gerne einmal, die ihren Vierbeiner aus falsch verstandener Liebe mit ungesunden Leckerlis füttern.

Was für Menschen gilt, gilt auch für Hunde, und so steigt das Risiko, an Herz- und Gefäßerkrankungen und Diabetes zu erkranken mit steigendem Gewicht.

Oft kann nicht nur der Hund ein wenig mehr Training gebrauchen, um seine überflüssigen Pfunde abzutrainieren, sondern auch der Hundebesitzer.

In den USA gibt es ein Bootcamp für Mensch und Hund, in dem das Team Mensch und Hund zusammen trainiert und so fast spielerisch an den Pfunden arbeitet.

Wenn Hund und Herrchen gemeinsam mit anderen um die Wette schwitzen, ist es weniger mühsam und macht auch mehr Spaß.

In Deutschland wird das sehr vereinzelt angeboten, aber längst nicht flächendeckend.

Webseite:
http://www.thankdogbootcamp.com/

Katzencafé

Eine Idee, die erstaunlich gut angenommen wird, ist das Katzencafé.

Die Idee stammt ursprünglich aus Japan und ist dort schon länger sehr erfolgreich.

Jetzt wurde das Konzept nach Deutschland importiert.

Das erste Katzencafé hat im Mai 2013 in München eröffnet, das zweite folgte im August in Berlin.

Der Name irritiert etwas, denn es ist kein Café für Katzen, sondern für Katzenliebhaber, die vielleicht selbst gerne ein solches Tier hätten, aber keine haben, weil z. B. der Partner eine Allergie hat.

Im Katzencafé können die Katzenfreunde mit den Tieren kuscheln, sie streicheln oder mit ihnen spielen.

Auf den ersten Blick befremdlich, auf den zweiten verständlich, ist die Tatsache, dass Gäste selbst keine eigenen Katzen mitbringen dürfen.

In Berlin hat die Besitzerin zwei Katzen und die beiden sind Geschwister, die sich kennen und miteinander verstehen. Revierkämpfe soll es schließlich nicht geben.

Wenn die Katzen müde sind, können sie sich in einen Ruheraum zurückziehen, in dem sich auch ihre Futternäpfe und die Katzentoilette befinden.

Die Besitzerin bietet neben den Kuschelkatzen auch selbst gebackenen Kuchen, Cupcakes und Quiches an.

Insgesamt sollen sich die Gäste fühlen, als wären sie zu Hause bei guten Freunden, und das Konzept scheint aufzugehen.

Im Münchener Katzencafé leben vier Katzen, die im Café einen riesigen Spielplatz haben.

Die Besitzer legen Wert auf fleischlose Kost und so gibt es Suppen, Salate, Sandwiches und Leckereien auf pflanzlicher Basis.

Wenn die Katzen es mögen, warum nicht? Den Gästen scheint es in jedem Fall sehr gut zu gefallen.

Webseite Katzencafé München:

http://www.cafe-katzentempel.de/

Auspackpakete für Hunde

Die Idee, Auspackpakete für Hunde zu vermarkten, entstand auf klassischem Weg.

Um seine Cockerspaniel-Hündin „Vicky“ zu unterhalten, hat der Initiator von dogiaction Hundeleckerlis in viele Lagen Papier eingewickelt und Vicky musste das Paket auspacken, um an ihr Leckerli zu kommen.

Für Vicky war das ein toller Spaß und selbst die schwierigsten Pakete hat sie mit Bravour ausgepackt.

Herrchen staunte nicht schlecht, wie schlau seine Hündin auch die schwierigen Aufgaben gemeistert hat, und beschloss, auch anderen Hunden und Hundebesitzern den Spaß zu gönnen. So entstand dann die Geschäftsidee, Auspackpakete für Hunde im Netz anzubieten.

Im Angebot sind verschiedene Pakete, die unterschiedliche Schwierigkeitsgrade abdecken.

Die Verpackung der Auspackpakete für Hunde besteht aus 100 % ungebleichtem Papier und wird mit einer speziellen Papierbindung versehen, sodass es keine gesundheitlichen Bedenken gibt.

Übrigens mögen Katzen das auch. Zu Weihnachten gibt es immer einen Adventskalender für Katzen, der mit Leckerlis gefüllt ist. Meine Katze hat jedes Jahr darauf gelauert, endlich wieder den Adventskalender auseinandernehmen zu dürfen.

Webseite: http://www.dogiaction.de/

Meerschweinchenverleih

Die Idee ein Meerschweinchen zu verleihen, wenn ein Meerschweinchen aus einer Zweiergruppe verstorben ist, ist an sich schon sehr charmant, hat aber in der Schweiz einen rechtlichen Hintergrund.

Laut Tierschutzverordnung ist es seit 2008 in der Schweiz explizit verboten, Meerschweinchen einzeln zu halten, und man kann sich vorstellen, welche Probleme das aufwerfen kann. Einmal Meerschwein - immer Meerschwein.

Betteln die Kinder um ein solches Nagetier, ist man in der Schweiz gezwungen, zwei zu kaufen, nur liegt es in der Natur der Dinge, dass ein Meerschweinchen früher verstirbt und so muss man das nächste kaufen und das kann ein Rad ohne Ende werden.

Priska Küng aus der Schweiz hat daraus ein - wenn auch kleines - Geschäft gemacht.

Damit die Meerschweinhalter nicht ihr Leben lang neue Meerschweinchen kaufen müssen, verleiht Priska Küng diese Tiere für Wochen, Monate oder auch Jahre, um das verstorbene Meerschweinchen zu ersetzen.

Wenn das eigene dann verstirbt, nimmt sie das geliehene zurück.

Wichtig ist ihr dabei, dass das Meerschwein nicht zum Wanderpokal wird. Ein einmal verliehenes Tier wird kein zweites Mal verliehen, selbst wenn es nur wenige Wochen verliehen war.

Mit dieser Idee kann man sicher nicht reich werden, aber sie ist ein schönes Beispiel dafür, wie man folgerichtige Schlüsse selbst aus einem Gesetz ziehen kann.

Stolpert man über diese Tierschutzverordnung ist es fast schon logisch, auf so einen Gedanken zu kommen, wenn man sich mit Meerschweinhaltung befasst.

Nur umsetzen muss man den Gedanken auch, selbst wenn er auf den ersten Blick noch so verrückt erscheint.

Webseite: http://www.leihmeerschweinchen.ch

Essen, Trinken, Gastronomie

Gerade im Bereich Essen und Trinken gibt es viele Unternehmer, die über den Tellerrand hinausschauen und damit Erfolg haben.

Kuchen und Brot kann man an jeder Ecke kaufen, aber nach preiswerten Backwaren von gestern muss man auch in Großstädten lange suchen.

Dönerbuden haben längst die Welt erobert, aber wie viele Dönerbudenbesitzer werden Millionär? Einer hat es geschafft, weil er nicht nur Döner, sondern auch Entertainment bietet.

Und wenn Sie an Birnen denken? Denken Sie, man könnte eine Birne für 6 Euro verkaufen? Man kann!

Bei den vorgestellten Geschäftsideen sieht man schön, dass man das Rad nicht komplett neu erfinden muss, man muss es nur besser drehen.

Leckeres vom Vortag – Backwaren von gestern verkaufen

Alles für nur einen Euro - das ist die Maxime von Bernd Heberger, einem "Bäcker" in Nürnberg, der seit 2010 ausschließlich Ware von gestern verkauft - ein Kilo Biobrot, zwölf Brötchen oder zehn Brezeln - alles für 1 Euro!

Die Idee hatte der damals 59-Jährige während seiner Arbeitslosigkeit.

Er stellte fest, dass nicht nur Menschen, die von Hartz IV leben, auf das Geld achten müssen, und aus seiner Zeit im Einzelhandel wusste er, wie viele Mengen an Essen täglich weggeworfen werden.

Eine Nachfrage auf der einen Seite - ein Angebot auf der anderen!

Die Idee war geboren.

Er schrieb einen Business-Plan und überzeugte damit die Arbeitsagentur, die ihm für die ersten Monate einen Existenzgründungszuschuss gewährte.

Damit war der Startschuss für "Leckeres vom Vortag" gefallen und der Erfolg ließ nicht lange auf sich warten.

Die Backwaren vom Vortag gehen weg wie die sprichwörtlichen warmen Semmeln.

Anfangs bezog er seine Backwaren von einer renommierten Nürnberger Bäckerei, heute klappert er mehrere Bäckereien nach deren Geschäftsschluss ab und sammelt die nicht verkaufte Ware ein, um sie am nächsten Tag in seinem Geschäft zu verkaufen.

Mit Backwaren fing alles an, heute kommt bei Bernd Heberger auch Obst und Gemüse in die Tüte, das mit dem Slogan „Ich bin nicht schön, aber gut“ angepriesen wird.

„Nicht schön“ bedeutet, dass das Obst und Gemüse nicht den EU-Normen entspricht, und wem die Länge einer Gurke, der Krümmungswinkel einer Banane oder die Größe eines Apfels egal ist, der kann bei Heberger kräftig sparen.

Wenn es jedoch um den Geschmack und die Qualität geht, legt Heberger die Messlatte ganz oben an und das ist vermutlich auch eines seiner Erfolgsrezepte:

Schönheitsfehler ja, aber bei der Qualität geht er keine Kompromisse ein.

Ein sensationeller Erfolg, der Mut macht und zeigt, dass es immer wieder Möglichkeiten gibt, sich auch aus der Arbeitslosigkeit heraus erfolgreich selbstständig zu machen und das Beispiel zeigt auch, dass man mit fast 60 Jahren längst nicht zum alten Eisen gehört!

Das Geschäft "Leckeres vom Vortag" befindet sich am Kopernikusplatz 16/Schwabacher Str. 73 in Nürnberg.

Dönerbude neu interpretiert

Die Geschäftsidee des mongolischen Unternehmers Gu gehört auch wieder ganz klar in die Kategorie: „Man muss das Rad nicht neu erfinden, nur besser drehen“.

Herr Gu wuchs in armen Verhältnissen auf und musste die erste Klasse dreimal wiederholen.

Denkbar schlechte Voraussetzungen für eine Unternehmerkarriere und doch hat er es geschafft und ist sogar Millionär geworden.

Die Idee eines Kebabimperiums wuchs, als er mit seinem Vater eine Kuh schlachtete und das Fleisch verkaufte.

Mit 15 Jahren ging er nach Peking und bot dort seine Spieße auf der Straße an.

Dann eröffnete er seine erste Dönerbude, aber die sollte anders sein als die Dönerbuden, die es bereits gab.

In Pluderhose und Glitzertop trat er tanzend den Weg zum Dönermillionär an.

Die Kunden sollen sich nicht langweilen, während er seine 50 Zentimeter langen Spieße mit Fleischstücken so groß wie Mandarinen zubereitet und tanzend bis zu zehn Spieße in der Hand hält.

So exotisch wie er ist auch die Speisekarte: Neben Rind- und Lammfleisch kommt z. B. auch Straußenfleisch auf den Spieß.

25 Jahre später hat er nicht nur 150 Mitarbeiter, er beschäftigt auch fünf Doppelgänger, um überall gleichzeitig sein zu können.

Bis heute kommen die Kunden, um ihn zu sehen, und er ist sich nicht zu schade, selbst am Grill zu stehen.

Diese Story zeigt, dass es sich lohnen kann, ausgetretene Pfade zu verlassen.

Es spricht nicht unbedingt alles dagegen, den 100. Friseursalon, Imbiss oder was auch immer in der Stadt zu eröffnen. Wenn Sie es anders machen können, dann gibt es immer eine Chance.

Wurstbriefe

Bei der Metzgerei Böbel kann man sich seine eigene Wurst zusammenstellen - die Zutaten sind dabei nicht unbedingt die, an die man spontan denken würde - wie Gummibärchen, Schokolade, Ananas, aber auch Rosenblätter, Räucherlachs, Wein, Bier, um nur einige zu nennen - aber über Geschmack lässt sich ja bekanntlich nicht streiten, so kann sich jeder seine eigene Wurst nach seinem Geschmack zusammenstellen.

286 Millionen Möglichkeiten soll es geben, die eigene Wurst bei Böbels zusammenzustellen - da sollte dann für jeden Geschmack etwas dabei sein.

Sensationell ist auch die "Wurstbriefidee" der Firma Böbel.

Wer hat schon je eine Salami-Blume in der Post gehabt oder ist mit einer "Prozentewurst" auf eine Sonderaktion aufmerksam gemacht worden?

Grüße per Wurst - das ist einmalig.

Und Metzgermeister Böbel hört nicht auf, an neuen innovativen Ideen zu feilen.

Firmen können bei ihm ihre individuelle Firmenwurst mit Logo für Firmenveranstaltungen oder als Präsent für Geschäftspartner bestellen und das schon ab 1 Stück.

Jede neue Idee vergrößert den Abstand zu seinen Mitbewerbern.

Die Metzgerei Böbel gehört übrigens laut Zeitschrift "Der Feinschmecker" zu den 400 besten Metzgern Deutschlands, vereint also Innovation mit Qualität - die Königsdisziplin.

In jedem Fall zeigt dieses Beispiel wieder einmal, dass es möglich (und gar nicht so schwer) ist, aus der Masse auszubrechen und sich damit den Weg zum Erfolg zu ebnen.

Webseite:
http://umdiewurst.de/ext_mix__.php

Wurstbrief:
http://www.wurstbrief.de/index3.htm

Birnen in Buddha-Form

Hao Xianzhang, ein Bauer aus dem nordchinesischen Handan, züchtet Birnen, die die Form eines Buddhas haben.

Um die Birnen in Form zu bekommen, werden sie schon im frühen Wachstumsstadium in eine spezielle Form gepresst und wachsen dann schon am Baum in der Form als Buddha heran.

Die Birnen werden für umgerechnet knapp 6 Euro pro Stück verkauft. Ein lohnendes Geschäft für den Bauern und sicher auch eine gute Idee für den deutschen Markt.

Es müssen ja keine Buddhafiguren sein und die Idee ist nicht nur auf Birnen beschränkt.

Auf Youtube:

http://www.youtube.com/watch?v=KprTRvYmlEE

Das Toilettenrestaurant

In Taiwan und Hongkong betreibt die Restaurantkette Modern Toilet 12 Filialen, in denen die Gäste nicht wie üblich auf Stühlen oder Bänken sitzen, sondern auf Kloschüsseln. Die Glasplatten der Tische werden von Waschbecken gehalten und die Wände sind mit Duschknöpfen verziert. Als Lampen dienen umfunktionierte Saugglocken.

Getränke werden im Urinbecher gereicht und das Essen wird in Miniaturtoiletten serviert.

Das Konzept ist nicht neu und funktioniert auch in Deutschland. In Berlin gibt es seit 1971 das „Klo“ mit einem ähnlichen Konzept und der Laden ist in einer Stadt, in der viele Restaurants und Bars schon nach kurzer Zeit wieder schließen müssen, schon längst kein Geheimtipp mehr und jeden Abend gerammelt voll.

Die Menschen wollen nicht nur essen gehen, sie wollen vor allem auch unterhalten werden, umso erstaunlicher ist es, dass so wenige Restaurants und Bars in die Erlebnisgastronomie investieren.

Es muss ja kein Restaurant im Toilettenstil sein, denkbar wäre z. B. auch die Anlehnung an ein Gefängnis oder ein Krankenhaus.

Die etwas andere Cocktailbar

Die Cocktailbar logbar in Japan gibt den Gästen die Möglichkeit eigene Cocktails zu kreieren und daran zu verdienen, wenn andere Gäste das Mixgetränk bestellen.

Jeder Gast erhält für die Dauer des Aufenthaltes ein iPad Mini, mit dem er einen eigenen Account erstellt und sein persönliches Profil anlegt.

Über das iPad können die Gäste ihre Bestellung aufgeben, aber auch mit Freunden und anderen Gästen chatten und sie können sogar ihre eigenen Cocktails kreieren und sie auf die Getränkekarte setzen.

Bestellt ein anderer Gast ihren Cocktail, erhalten sie umgerechnet knapp 0,40 Euro Provision für jeden bestellten Drink.

Das ist eine ganz neue Art der Kundenbindung, die möglicherweise auch in anderen Bereichen funktionieren könnte.

Website: www.logbar.jp

Urlaub & Freizeit

Im Bereich Freizeit und Urlaub buhlen viele Anbieter um die Gunst der Kunden.

Das Angebot ist vielfältig und bietet nahezu unerschöpfliche Möglichkeiten für jeden Geschmack und jeden Geldbeutel.

Aber wie die beiden folgenden Beispiele zeigen, gibt es auch Trends, die sich in anderen Ländern längst etabliert haben und die noch darauf warten, den deutschen Markt zu erobern.

Hot Tub Cinema – Kino im Whirlpool

In London gibt es das Hot Tub Cinema, ein Outdoor-Kino, in dem die Besucher den Kinofilm auf einer Großleinwand vom Whirlpool aus betrachten können.

Über den Dächern von London genießen die Gäste den Film, während sie im 40 °C warmen Whirlpool entspannen können. Im Winter zieht das Hot Tub Cinema in geschlossene Räume und wechselt dabei die Veranstaltungsorte.

Für Essen und Getränke wird gesorgt, Umkleidekabinen stehen ebenfalls zur Verfügung.

Ursprünglich war das Hot Tub Cinema eine kleine Privatveranstaltung, die im Laufe der Jahre immer größer wurde, sodass der Veranstalter sich entschied, daraus ein Geschäft zu machen.

Bis zu 20 Hot Tubs, in denen je bis zu 8 Personen Platz finden, sind zum Kinoevent prall gefüllt.

Viele Vorführungen sind schon lange im Voraus ausbucht.

Eine Eintrittskarte kostet umgerechnet ca. 35 Euro, ein Whirlpool für sechs Personen schlägt mit knapp 210 Euro zu Buche.

Das Hot Tube Cinema kann man auch für private Veranstaltungen buchen, allerdings müssen mindestens sechs Whirlpools gemietet werden und mit Preisen ab ca. 2300 Euro für einen Abend ist das kein preiswertes Vergnügen. Allerdings scheint es einen Bedarf zu geben, sonst hätte der Veranstalter das Angebot nicht entsprechend erweitert.

Das Hot Tub Cinema bietet ein Badevergnügen, das sicher auch in deutschen Städten viele Fans finden würde.

Webseite: http://hottubcinema.com/

Glamping – Glamour-Camping

Glamping steht als Abkürzung für glamouröses Camping.

Glamping vereint den Komfort eines Hotels mit der natürlichen Umgebung eines Campingplatzes.

In den USA, aber auch in Großbritannien, Italien, Spanien, Portugal und Frankreich ist Glamping längst ein Trend, der sich durchgesetzt hat.

Es gibt Glampingplätze, auf denen die Urlauber in Luxuszelten mit fließendem Wasser, Badewanne oder Dusche und WC untergebracht sind oder in Luxuswohnmobilen mit exklusiver Inneneinrichtung residieren.

Aber es geht beim Glamping nicht nur um Luxus, sondern auch um alternative Formen des Campings, die an Themenparks mit Übernachtungsmöglichkeit erinnern.

Statt im Drei-Mann-Zelt oder im Wohnmobil übernachten Glampingplatz-Besucher in Frankreich z. B. in Indianer-Tipis, in riesigen Beduinenzelten, in mittelalterlichen Turnierzelten oder auch in bunten Zigeunerwagen mit Glasdach.

In Australien gibt es ein unterirdisches Höhlenzeltlager, auf Jamaika findet der Outdoorliebhaber seinen Platz im Baumhaus.

In Deutschland findet man kaum Glampingplätze, die Luxus und Camping verbinden.

Dabei gäbe es auch hier sicher Outdoorfans, die vor den klassischen Campingplätzen zurückschrecken, sich aber für eine Nacht im Tipi-Zelt begeistern könnten.

Webseite: http://goglamping.net/

Automaten

Die meisten von uns werden schon einmal etwas aus dem Automaten gekauft haben. Klassisch werden im Automaten Snacks oder Getränke auf Bahnhöfen oder Flughäfen angeboten, Tampons und Kondome werden in Automaten in Bars und Restaurants verkauft, Kaugummiautomaten gibt es seit vielen Jahrzehnten, Pizza- und Pommes-Automaten halten Einzug in die Städte, Zigarettenautomaten haben schon so manchen Raucher und seine Umwelt vor Entzugserscheinungen gerettet.

Aber es gibt auch Automaten, die noch nicht an jeder Ecke stehen und durchaus einen zweiten Blick wert sind, wenn man nach einer neuen Geschäftsidee sucht.

Für den Erfolg ausschlaggebend ist die Wahl des richtigen Standortes, der von der potenziellen Zielgruppe stark frequentiert wird.

Goldautomat

Mein persönlicher Favorit ist nicht der Geld-, sondern der Goldautomat.

Geld rein - Gold raus.

Der Automat ist je nach Standort mit Goldbarren von 1 g bis 250 g und verschiedenen Gold-und Silbermünzen bestückt, deren Preise im Minutentakt an den aktuellen Goldpreis angepasst werden.

In der nächsten Stufe sind Goldankauf-Automaten geplant. Auch das ist mit Sicherheit ein interessantes Geschäftsmodell.

Die Gold-to-go-Automaten werden über die Ex Oriente Lux AG vertrieben.

Webseite: http://www.gold-to-go.com/

High-end-Luxus aus dem Automaten

Ziemlich einzigartig dürfte der Verkaufsautomat im Mondrain South Beach Hotel in Miami sein:

Hier gibt es neben 24-karätigen Gold-Handschellen von Kiki de Montparnasse auch mal einen Bentley oder einen Rolls Royce zu kaufen, den dann ein Mitarbeiter des Hotels ausliefert.

Der Automat spuckt aber auch Designerkleider, Sonnenbrillen oder künstliche Wimpern aus. Angeboten werden insgesamt 60 Artikel, die innerhalb einer Preisspanne von 10 Dollar bis 1,2 Mio. Dollar liegen. Bezahlt wird mit Kreditkarte.

Grillfleisch

Sehr viel bodenständiger ist das Angebot von Metzger Hegemann aus Schermbeck, der seine Grillautomaten in der Saison täglich mehrmals auffüllen muss.

Neben Grillfleisch gibt es auch Salate, Tsatsiki, Kräuterbutter, Baguettebrötchen und Grillsoßen für die gelungene Grillparty - alles aus dem Automaten.

2013 feierte der Grillfleischautomat von Metzger Hegemann sein 10-jähriges Bestehen, und weil das Angebot so gut angenommen wird, dass selbst Kunden aus den Nachbarstädten sich nach Ladenschluss auf den Weg machen, um Würstchen oder Grillfleisch zu ziehen, hat der clevere Metzgermeister jetzt auch einen Automaten für Grillkohle aufgestellt. Schließlich soll sich niemand auf den langen Weg machen, um dann festzustellen, dass er keine Grillkohle mehr im Haus hat.

Webseite: http://www.grillfleischautomat.de/

Regenschirm-Automat

Wenn man ihn braucht, hat man ihn nicht dabei: den Regenschirm.

Was liegt da näher, als Automaten aufzustellen, aus denen man bei Regen einen Schirm ziehen kann?

Das dachten sich die beiden Bochumer Jungunternehmerinnen Daniela Wallraff und Rebecca Agustin und stellten 2011 die ersten Dry2Go-Automaten in Hamburg, Recklinghausen, Köln und Bochum auf. Der Vater von Rebecca Agustin, ein Ingenieur, half bei der Planung und der Konzeption und vermittelte Kontakte nach Asien, wo Schirme und Teile für die Automaten produziert wurden.

Finanziert wurde die Idee durch einen Gründungszuschuss vom Arbeitsamt, einen Bankkredit und ein KfW-Gründercoaching.

4 Euro kostet ein Schirm aus dem Automaten – ein unschlagbarer Preis!

Besonders clever: Unternehmen können die Schirme als Werbefläche buchen und das spült zusätzlich Geld in die Kasse. Das schlagende Argument: Schirme aus dem Automaten werden dann gezogen, wenn es regnet und so wird die Werbung sichtbar.

Webseite: http://www.dry-2-go.com/

Nagellack-Automat

Rot lackierte Fingernägel und dann blättert die Spitze ab. Ein Albtraum für jede Frau, die gerade unterwegs ist.

In Paris gibt es jetzt den Nagellack-Automaten, der mit 63 Lackfarben bestückt ist, die bei 14 Grad (ideale Temperatur) aufbewahrt werden.

Ein Nagellack kostet 5 Euro und ist damit sogar billiger als viele der handelsüblichen Nagellacke.

Webseite: http://www.nailmatic.com/

Ballerina to go – Einweg-Schuhe aus dem Automaten

Auf dem Weg in den Klub müssen es unbedingt noch die High Heels sein, aber spätestens im Morgengrauen hat jede High-Heels-Liebhaberin den Verdacht, dass die hochhackigen Schuhe in der Nacht um mindestens eine Größe geschrumpft sind.

Die Füße schmerzen, barfuß zu gehen ist nicht die eleganteste Alternative, und auch wenn Handtaschen heutzutage recht groß sind: Ersatzschuhe finden darin keinen Platz.

Dieses Problem ist jetzt gelöst: Der Ballerina-2-go-Automat hält für ca. 9 Euro Einweg-Ballerinas von Größe 35 bis Größe 42 bereit.

Webseite: http://www.ballerina-to-go.de/

Hemdenautomat

Ein wichtiges Meeting, vorher schnell noch etwas essen und schon ist das Malheur passiert und die Spuren der Mittagspause sind auf dem Hemd sichtbar.

Der Textilhersteller Seidensticker kennt das Problem und hat im Herbst 2011 in der Münchner Zentrale der O2-Mutterfirma Telefónica Germany den ersten Hemdenautomaten in Betrieb genommen. 2012 war der Hemdenautomat ein poppiger

Eyecatcher auf der Seidensticker Roadshow, der begeistert angenommen wurde.

Der Hochzeitsautomat

Einen Automaten, den ich mir auch gut auf Tour vorstellen könnte, ist der Hochzeitsautomat, den es in Deutschland noch nicht gibt. Der Automat kommt im Vegas-Stil in Barbie-Rosa und spuckt für 1 Dollar „Eheringe“ und eine „Heiratsurkunde“ aus. Das ganze „Hochzeitsprozedere“ wird untermalt mit der passenden Musik.

Ernst zu nehmen ist das natürlich nicht, aber Passfotoautomaten werden schließlich auch in der Regel nicht für Pass-, sondern für Spaßfotos genutzt.

Zahnbürstenautomaten

Selbst Zahnbürstenautomaten gibt es längst und die Idee, einen solchen Automaten in Restaurants oder auf großen Bahnhöfen und Flughäfen aufzustellen, ist nicht verkehrt.

Die Zahnpasta gibt es natürlich dazu und so steht einem frischen Atem nichts mehr im Weg.

Mini-Snack-Automaten im Taxi

Eine preisgekrönte Geschäftsidee von New Yorker Studenten könnte auch in Deutschland erfolgreich werden:

der Mini-Snack-Automat für Taxen.

Angeboten werden sollen Energydrinks, kleine Snacks wie Schokoriegel oder Kekse, Kaugummis und sogar Kopfschmerztabletten.

Die Taxi-Snack-Automaten sollen an der Rückseite des Vordersitzes angebracht werden.

Eigentlich sollte man denken, dass man während einer Taxifahrt nicht verhungert oder verdurstet, aber die Snack-Automaten an U- und S-Bahnhöfen haben sich auch durchgesetzt – der Bedarf für den kleinen Snack unterwegs besteht also offensichtlich.

Für Taxifahrer könnte das ein schönes kleines Zusatzgeschäft werden und für diejenigen, die die Automaten vertreiben, natürlich auch!

Ankaufautomat

In den USA bereits seit Längerem sehr erfolgreich ist der Ankaufautomat von ecoATM.

Angekauft werden alte Handys, Smartphones, MP3-Player und Tablets.

Der Verkaufsprozess ist denkbar einfach.

Zunächst legt der Verkäufer das Gadget in eine Schublade, damit der Automat das Gerät erkennen kann. Dann wird das Gerät angeschlossen, um die Funktionsfähigkeit zu überprüfen.

Im Anschluss an die Überprüfung erhält der Verkäufer ein Angebot. Nimmt er es an, bekommt er direkt Bargeld ausgezahlt.

Um zu vermeiden, dass gestohlene Geräte verkauft werden, muss der Verkäufer sich ausweisen. Dabei werden von dem Automaten auch Fotos von dem Verkäufer gemacht, die mit dem Ausweisbild abgeglichen werden.

Im Anschluss werden die von dem Automaten angekauften Geräte aufbereitet und an Recyclingfirmen verkauft.

ecoATM hat in den USA schon mehr als 400 Automaten aufgestellt und bereits über eine Million Geräte angekauft.

Webseite: http://www.ecoatm.com/

Im Bereich der Automaten ist in Deutschland noch einiges an Luft nach oben.

Einige der hier vorgestellten Automatenanbieter bieten ein Franchisemodell an, aber es spricht auch nichts dagegen, sich selbst einen Automaten bauen zu lassen und eventuell sogar später als Franchisegeber zu agieren.

Sinnvoll kann auch ein Kombiautomat sein, der z. B. mit Zahnbürsten, Nagellacken, Regenschirmen und Ballerinas to go gefüllt wird.

Die vorgestellten Automaten sollen vor allem der Inspiration dienen.

Die Möglichkeiten, einen Automaten zu bestücken, sind zahlreich und Ihrer Fantasie sind dabei kaum Grenzen gesetzt.

Heim- und Nebenarbeit

Einige der bereits vorgestellten Geschäftsideen kann man zunächst nebenbei beginnen, doch hier möchte ich zwei typische Ideen vorstellen, mit denen man sich neben seinem Hauptjob ein zweites Standbein aufbauen kann, das ausbaufähig ist.

Autor werden

Darüber könnte ich ein Buch schreiben ... es gibt kaum jemanden, von dem ich diesen Satz noch nicht gehört habe.

Warum tun Sie es nicht?

Noch vor wenigen Jahren war es schwierig, ein Buch auf den Markt zu bringen.

Entweder musste man einen Verlag überzeugen, was nicht immer einfach war, oder man musste selbst in die Tasche greifen und teilweise erhebliche Summen aufwenden, um sein Werk selbst zu verlegen.

Heute ist das anders.

So bietet z. B. Amazon über die Plattform Amazon Kindle Publishing (KDP) Autoren an, ihre Werke als E-Book bei Amazon einzustellen.

Der Vorteil bei Amazon KDP ist, dass zum einen die Tantiemen wesentlich höher sind als bei allen klassischen Verlagen, und je nach Buchpreis zwischen 35 % und 70 % des Nettoverkaufspreises liegen - zum Vergleich: Als Verlagsautorin erhalte ich eine Staffelprovision, die zwischen 12 % und 14 % des Nettopreises abzüglich Händlerrabatt liegt und das ist schon eine recht gute Provision, aber sie kommt natürlich nicht einmal in die Nähe der Amazon-Tantiemen.

Zum anderen kann wirklich jeder mit Amazon veröffentlichen und ist nicht auf die Gunst eines Verlages angewiesen.

Ein wenig Talent und Lust zum Schreiben muss man natürlich mitbringen.

Über Amazon CreateSpace können auch gedruckte Bücher veröffentlicht werden. Hier liegen die Tantiemen zwar niedriger als bei Amazon KDP, wenn man zu marktüblichen Preisen veröffentlichen will, aber sie sind immer noch höher als bei einem klassischen Verlag.

Unschlagbar ist auch die Zeit, in der Bücher über Amazon veröffentlicht werden können.

Ich hatte immer das Glück, Verlage zu haben, die tatsächlich sehr schnell waren und das Buch innerhalb von wenigen Wochen nach Fertigstellung veröffentlich haben. Aber ich kenne auch andere Verlagsautoren, die mehr als ein Jahr warten mussten, bis das Buch ins Programm gepasst hat.

Bei Amazon ist ihr E-Book in der Regel zwei Tage nach Fertigstellung online, bei einem gedruckten Buch dauert die Veröffentlichung nur einige Tage länger.

Natürlich gibt es auch einige Nachteile gegenüber der klassischen Verlagsveröffentlichung.

Alles, was für gewöhnlich der Verlag übernimmt, muss der Autor selbst übernehmen.

Das fängt bei der Formatierung an, geht über die Covererstellung bis hin zum Lektorat und zum Marketing.

Man kann theoretisch alles selbst machen oder einzelne Aufgaben, wie die Covererstellung oder das Lektorat, an Dienstleister verteilen. Ein Startkapital ist also nicht zwingend erforderlich, obwohl ich persönlich immer dazu raten würde, in die Bereiche zu investieren, die man selbst als

Autor nicht professionell abdecken kann – wie z. B. die Covererstellung.

Wenn man mit dem Schreiben nicht seinen Lebensunterhalt verdienen muss, spielt Zeit keine Rolle. Ob Sie drei Monate oder zwei Jahre für ein Buch benötigen, ob Sie eine Kurzgeschichte oder einen Roman schreiben wollen, ob Sie nur am Wochenende oder nachts, wenn die Kinder schlafen, oder in der U-Bahn auf dem Weg zur Arbeit schreiben können – das alles können Sie frei entscheiden.

Wenn Sie also das nächste Mal wieder sagen: „Darüber könnte ich ein Buch schreiben" – tun Sie es einfach!

Webseite: https://kdp.amazon.com, https://www.createspace.com/

Covererstellung für Indie-Autoren

Bleiben wir noch einmal beim Selbstverleger, denn dieser Markt wird rasant wachsen und vielen Menschen Chancen in unterschiedlichen Bereichen eröffnen.

Wie bereits erwähnt, muss der Selbstverleger sein Cover selbst erstellen und sieht man sich bei Amazon die Cover der sogenannten Indie-Autoren (von independent = unabhängig) an, ahnt man, welcher Markt hier offen steht.

Die wenigsten Autoren sind Allroundgenies.

Schreiben ist die eine Sache, die Erstellung eines guten Covers fällt vielen schwer und dabei gehört das Cover zu den ganz entscheidenden Kriterien für den Kauf.

Ich selbst habe schon viele Bücher über Amazon veröffentlicht - die meisten davon unter Pseudonym - und fast alle Cover in den USA erstellen lassen, weil mich die deutschen Covorersteller nicht überzeugen konnten oder viel zu teuer waren.

Ich habe ja die Alternative und kann mein Cover in den USA erstellen lassen, warum sollte ich also völlig überzogene Preise in Deutschland zahlen?

Ein gutes Cover muss es für unter 100 Euro geben - in den USA kein Problem, in Deutschland bisher noch schwierig. Ist das Cover gut, ist es oft teurer, ist es günstiger, sieht es leider oft auch aus wie hausgemacht. In diesem Bereich klafft also eine große Lücke, die es zu schließen gilt.

Matthias Matting, der Self-Publishing-Experte in Deutschland, rechnet damit, dass schon 2015 jeder zweite professionelle Autor ohne Verlag veröffentlicht.

Ich merke heute bereits, dass gute Covderersteller fehlen, und es werden immer mehr Indie-Autoren einen guten Covierersteller brauchen.

Während ich noch vor einem Jahr nur ein bis zwei Tage auf mein Cover warten musste, warte ich heute bereits eine Woche darauf, weil die guten Covierersteller völlig überlastet sind.

Hier werden sich also in Zukunft für Photoshop-Artisten große Chancen auftun und das Beste daran: Man kann dieses Geschäft zunächst nebenbei von dem heimischen PC starten!

Blogger werden

Mit Blogs lässt sich über Partnerprogramme Geld verdienen.

Fast jedes große Unternehmen bietet Partnerprogramme an. Wenn über den Link auf meinem Blog ein Kauf zustande kommt, bekomme ich von dem Unternehmen, das ich beworben habe, eine Provision. Der Kunde zahlt natürlich keinen Cent mehr.

Einen Blog aufzubauen, der ein gutes Google-Ranking hat, ist eine zeitintensive Aufgabe, die nicht von heute auf morgen funktioniert.

Blogger brauchen einen langen Atem und es ist keine Seltenheit, dass auch schon einmal mehr als zwei Jahre vergehen können, bis ein Blog nennenswerte Einnahmen abwirft.

Aber es gibt Blogs, die durchaus gewinnträchtig sind.

Einen davon möchte ich Ihnen gerne vorstellen. Es geht um das Thema Reise.

Der Blog urlaubsguru.de verfolgt einen ähnlichen Ansatz wie flightfox (hier vorgestellt unter „Portale“), stellt sich dabei aber etwas anders auf.

Zum einen sucht der Urlaubsguru täglich von sich aus die besten Reiseschnäppchen im Netz und schreibt darüber.

Das kann wie aktuell z. B. ein 7-tägiger New-York-Trip zu Silvester im 5-Sterne-Hotel für unter 1000 Euro sein oder eine 7-tägige Singlereise nach Mallorca für 255 Euro.

Aber der Urlaubsguru bietet auch an, die günstigsten Pauschalreisen oder Hotels nach Kundenvorgabe zu finden.

Natürlich könnte ich selbst auch bei den verschiedenen Preisvergleichsportalen suchen, aber das kostet viel Zeit und nicht immer versteht die Maschine, was ich gerne buchen würde, und in welchen Bereichen ich flexibel bin.

Beim Urlaubsguru sucht zwar auch eine Maschine im Hintergrund, aber der Mensch hinter dem Urlaubsguru sucht mit und damit geht der Urlaubsguru eben einen kleinen Schritt weiter als die ausschließlich computergesteuerten Preisvergleichsportale.

Lässt der Kunde sich vom Urlaubsguru eine Pauschalreise nach Wunschvorgabe suchen, entstehen ihm dafür keine Kosten, denn der Urlaubsguru verdient sein Geld ausschließlich über die Partnerprogramme.

Sucht er mir also z. B. eine Reise von Ltur heraus und ich buche diese Reise über seinen Link zu Ltur, dann zahle ich nicht mehr, als wenn ich direkt bei Ltur buche, aber der Urlaubsguru erhält seine verdiente Provision.

Auf seiner Seite veröffentlicht der Urlaubsguru auch Reiseberichte und gibt Tipps rund um das Thema Reise. Das ist nicht nur ein schöner

Service für die Kunden, es steigert auch sein Google-Ranking und damit seine Einnahmen.

Mit über 300.000 Facebook-Fans dürfte die Seite längst einiges an Einnahmen abwerfen, aber bis dahin war es ein steiler Weg und es ist täglich harte Arbeit, das Niveau auch zu halten.

Das Positive am Bloggen ist, dass man nebenbei und ohne Kapital anfangen kann.

Man kann am Anfang einen oder zwei Artikel in der Woche schreiben, und wenn es besser läuft, steigert man die Schlagzahl allmählich.

Der Urlaubsguru sollte als Beispiel dienen, es gibt natürlich gerade im Bereich Blogs unendlich viele Möglichkeiten Geld zu verdienen, auch wenn die Konkurrenz groß ist und ein gut geführter Blog sehr viel Arbeit macht.

Blogs sind zu allen Themen denkbar. Ob Sie über Kindererziehung schreiben wollen, über lustige Alltagsbegegnungen oder Bücher besprechen wollen – Ihrer Fantasie sind keine Grenzen gesetzt. Sie sollten nur bereits am Anfang darauf achten, dass es auch gute Partnerprogramme gibt, die zum Thema ihres Blogs passen, wenn Sie eines Tages damit Geld verdienen möchten.

Webseite: http://www.urlaubsguru.de/

Shooter

Als Shooter bezeichne ich Geschäftsideen, die schnell viel Geld bringen und dann wieder in der Versenkung verschwinden.

Diese Ideen leben von der schnellen, viralen Verbreitung und funktionieren in der Regel nur ein einziges Mal. Die Idee muss einzigartig und noch nie da gewesen sein und sie muss das Zeug dazu haben, die Netzgemeinde zu faszinieren, zum Lachen oder zum Staunen zu bringen. Wenn das Netz erst einmal angebissen hat und die Idee von wichtigen Multiplikatoren im Netz weiterverbreitet wird, stehen die Chancen gut, aus dem Stand einen Hochstart hinzulegen.

Zwei solche Shooter, die in der Vergangenheit Erfolg hatten, möchte ich Ihnen vorstellen.

Leider macht es keinen Sinn, sie zu kopieren. Die Ideen sind sozusagen verheizt, weil ein Shooter nur ein einziges Mal zündet.

Aber vielleicht liefern diese Ideen Ihnen wichtige Impulse und machen Sie zum nächsten Shooting-Star im Netz.

Milliondollarhomepage

2005 hatte der britische Student Alex Tew die Idee, eine Webseite in Pixel zu unterteilen und pixelweise Werbung zu verkaufen.

1 Million Pixel stand zur Verfügung und sollte auf seiner Milliondollarhomepage für je einen Dollar verkauft werden.

Die Pixelkäufer konnten einen Grafiklink auf eine beliebige URL setzen und die Texte festlegen, die beim Überfahren der Bilder mit der Maus angezeigt werden sollten.

Vermutlich gab es niemanden, der an den Erfolg dieser Idee geglaubt hätte, aber der erst 21-jährige Alex Tew hat sich nicht beirren lassen und sein Projekt gestartet. Am Anfang lief es mehr oder weniger schleppend, doch nach einer geschickt platzierten Pressemitteilung brach der Damm und setzte die im Netz so wichtige Maschinerie der Mundpropaganda in Gang.

Bis zu 200.000 Besucher kamen täglich auf seine Seite und Unternehmen aller Branchen kauften sich in das Pixelfeld ein, um an dem Hype zu partizipieren.

Der Plan ging also auf und innerhalb von fünf Monaten waren seine Pixel ausverkauft und der Student um 1 Million $ reicher.

Ganz zum Schluss hat Tew noch einen drauf gesetzt und die letzten 1000 Pixel bei eBay für 38.100 $ versteigert.

Der Nebeneffekt: Nach dem Erfolg bekam Alex Tew jede Menge Jobangebote, allerdings wollte er zunächst sein Studium abschließen.

Diese Idee würde ein zweites Mal so nicht funktionieren, aber sie kann wichtige Impulse liefern:

Alex Tew hatte sein Konto überzogen und stand kurz vor dem Beginn eines Business-Management-Studiums an der Universität Nottingham. Drei Jahre dauert so ein Studium und es kostet umgerechnet ca. 45.000 Euro.

Für einen mittellosen Studenten ein steiniger Weg.

Also hat er sich hingesetzt und nachgedacht, wie er diese Situation lösen könnte.

Ich bin überzeugt, dass die Million nicht sein erstes Ziel war. Vielleicht hatte er geplant, 50.000 oder 100.000 $ zu verdienen, um damit sein Studium finanzieren zu können. Vielleicht hat er sich gedacht, bei 50.000 $ bräuchte er 50.000

Menschen, die ihm je einen Dollar geben würden, oder 5000 Menschen, die ihm je zehn Dollar geben würden, oder 500 Menschen, von denen er 100 $ bekommt.

Die Schwierigkeit lag darin, dass er kein Kapital hatte und den Menschen im Grunde nichts anbieten konnte, wofür sie möglicherweise bereit gewesen wären, 100 $ zu bezahlen.

Also hat er sich auf das Naheliegende konzentriert: Ein Dollar sitzt locker, und wenn man die Menschen begeistern kann, sind sie auch gerne bereit, diesen Dollar auszugeben.

Wenn man 50.000 Menschen überzeugen muss, bedeutet das harte Arbeit – auf der anderen Seite hat er vielleicht gedacht: Wenn ich 50.000 Menschen überzeugen kann, macht das im Grunde nicht viel mehr Arbeit, als 100.000, 500.000 oder eben 1 Million Menschen zu überzeugen.

Bei diesem Projekt lag das Risiko also darin, nicht genug Menschen überzeugen zu können. Entweder hätte er im Freundes- und Familienkreis eine Handvoll Fans gefunden und damit das Projekt beendet, oder es musste durch die Decke gehen und im Netz von den richtigen Multiplikatoren gehypt werden und da hat er mit seiner Pressearbeit den richtigen Hebel bei den richtigen Leuten angesetzt.

Das Projekt war neu, einzigartig, cool, verrückt - also genau das, was die Netzgemeinde mag, und so ging der Plan tatsächlich auf.

Wenn er sich dann mit 50.000 oder 100.000 Dollar zufriedengegeben hätte, wäre das Projekt beendet gewesen, obwohl es nach oben noch Luft gehabt hätte.

Und so hat er nach den Sternen gegriffen und sich die Million als Ziel gesetzt - eine goldrichtige Entscheidung, wie man im Nachhinein weiß.

Heute könnte es vielleicht sogar einfacher sein, so ein völlig verrücktes Projekt zu starten, weil die Welt seit 2005 durch die Social-Media-Kanäle viel mehr vernetzt ist, als sie es 2005 war.

Was Sie dafür benötigen, ist die richtige Idee.

Wofür wären 1.000.000 Menschen bereit einen Dollar zu zahlen - und nicht vergessen - auch wenn es nur ein Dollar ist, die Menschen möchten dafür auch etwas von Ihnen bekommen.

Alex Tew hat mit seiner Werbung dafür gesorgt, dass die Menschen seine Seite besuchen. Viele Menschen! Das wiederum war für Werbetreibende der Grund, zu investieren und die Pixel zu kaufen. Und für ihr Investment gab es Werbung satt.

So haben alle profitiert. Alles andere wäre ein Spendenaufruf und kein Business-Projekt.

Auch wenn Alex Tew schnell viel Geld verdient hat, so waren doch die Vorbereitungen enorm. Das darf man bei so einem Shooter nie vergessen!

Webseite:
http://www.milliondollarhomepage.com

In fünf Minuten einen Bestseller schreiben

Auch diese Geschäftsidee gehört zu den Ideen, die sich nicht wiederholen lassen, aber sie zeigt wieder einmal, wie man mit der zündenden Idee schnell erstaunlich viel Geld verdienen kann.

Im Februar 2011 hat Sheridan Simove in fünf Minuten einen Bestseller geschrieben.

Der reißerische Titel lautet:

"What Every Man Thinks About Apart From Sex"

(An was denkt jeder Mann, wenn er nicht an Sex denkt?)

200 Seiten soll das Buch haben und der neugierige Leser hat sich vermutlich gefragt, wie man zu diesem Thema 200 Seiten füllen soll.

Die Antwort ist einfach: gar nicht!

Die 200 Seiten sind komplett unbedruckt - leer. Nicht eine Zeile füllt dieses Buch.

Gegenüber dem Telegraph erklärte Sheridan Simove, dass er keine Probleme gehabt hätte, das Buch zu füllen, nur gab es nichts, was man als Antwort auf diese Frage hätte schreiben können.

Nach mehreren Jahren harter Arbeit habe er herausgefunden, dass Männer einfach an nichts anderes denken als Sex und so blieb das Buch eben komplett leer.

Die Idee hat sich ausgezahlt.

Nicht nur in Großbritannien, auch in Deutschland hat das Buch in den ersten Tagen nach seinem Erscheinen die Bestsellerlisten gestürmt und das bedeutet, dass ordentliche Stückzahlen verkauft worden sind.

In Deutschland gab es natürlich einige Nachahmer, die leere Bücher zum Thema: „Woran Frauen denken, außer an Schuhe“ usw.

abgeliefert haben, aber so ein Gag funktioniert nur einmal richtig.

Bei einem Shooter wie diesem kommt es darauf an, dass die Netzgemeinde anspringt und über das Projekt spricht und dafür hat Sheridan Simove gesorgt. Mit Erfolg!

Millionär wird er damit zwar nicht geworden sein, aber die Verkaufserlöse können sich mit Sicherheit sehen lassen. Und das mit einer Idee, die man innerhalb von 24 Stunden umsetzen kann!

In Deutschland gibt es bereits seit 2007 einen Vorreiter mit dem Titel: Was haben wir mit 50 Jahren sexuell zu erwarten?

Auch hier wird ein leeres Buch abgeliefert, nur hat die Marketingmaschinerie bei diesem Buch nicht gegriffen und so wurde es nie ein Bestseller, auch wenn es bis heute noch im Verkauf ist.

Das zeigt aber auch, dass „alte Ideen“, die nicht gezündet haben, durchaus neu aufgegriffen werden können und zum Erfolg geführt werden können. Man muss es nur richtig machen.

Nur die Idee reicht eben nicht aus, man muss auch in der Lage sein, sie richtig zu verkaufen.

Link zum Buch:

http://www.amazon.de/Thinks-Sex-Sheridan-Simove-Paperback/dp/B007S7L3XQ

Man ist nie zu alt (oder zu jung!)

Wenn es darum geht, Argumente gegen den Sprung in die Selbstständigkeit zu finden, gehört das Alter mit zu den beliebtesten Ausreden.

Bei jungen Menschen, die noch nicht volljährig sind, wäre das sogar noch nachvollziehbar, weil ihnen schon vom Gesetz her nicht alle Wege offen stehen. Einige warten, bis sie die Volljährigkeit erreicht haben, andere gründen ihr Business mithilfe ihrer Eltern.

Bei Menschen, die das 50. Lebensjahr überschritten haben, höre ich oft, dass sie sich zu alt fühlen, um noch einmal ins kalte Wasser zu springen.

Ich argumentiere dann gerne, dass sie mit 50 oder 60 Jahren viel zu jung wären, um Papst zu werden, und dieser Job wohl zu den härtesten Jobs der Welt gehört. Alter kann also kein Argument sein, eine Selbstständigkeit nicht zu wagen und die Storys von Hal Lasko und

Tatsuo Horiuchi zeigen, dass es nie zu spät ist, noch einmal von vorne anzufangen!

Eine Story, die verkauft

Hal Lasko erstellt 8-Bit-Bilder mit Microsoft Paint. Das ist eine Kunst, die vermutlich viele beherrschen, aber Hal Lasko ist 98 Jahre alt und zudem fast blind.

Um seine Bilder überhaupt malen zu können, muss er sich die einzelnen Bereiche, an denen er arbeitet, heranzoomen.

Dann arbeitet er an diesem Ausschnitt, bis er mit dem Ergebnis zufrieden ist.

Bis zu zehn Stunden täglich sitzt er an seinem PC und widmet sich seinen Bildern, die später auf seiner Webseite angeboten werden.

Aktuell werden die Bilder für 98 Dollar pro Stück angeboten und ich bin mir sicher, dass es vor allem die Story ist, die hier verkauft.

Ein 98-jähriger „Maler" mit eingeschränktem Blickfeld, der täglich zehn Stunden am PC verbringt - das sind Storys, die bewegen, zum Nachdenken und eben auch zum Kauf anregen.

Es ist vor allem eine Story, die Mut macht: Man ist nie zu alt, um erfolgreich zu sein!

Vielleicht haben Sie auch eine Story zu erzählen?

Webseite: http://hallasko.com/

Wissen kann manchmal auch im Weg stehen

Wenn Sie an Excel denken, woran denken Sie dann? Vermutlich an Tabellenkalkulationen, an die Erstellung von Listen, Rechnungen oder Diagrammen.

Würden Sie auf die Idee kommen, mit Excel zu malen? Vermutlich nicht.

Tatsuo Horiuchi war bereits Rentner, als er sich einen Computer zulegte und Excel gehörte zu den vorinstallierten Programmen. Völlig unbedarft fing er an, mithilfe von Excel Gemälde im klassischen japanischen Stil zu erstellen – eine Idee, die jemandem, der täglich mit Excel arbeitet, vermutlich niemals in den Sinn gekommen wäre.

Als ich die wunderschönen Bilder gesehen habe, stand ich vor einem großen Rätsel. Das soll mit Excel gemalt worden sein? Unvorstellbar!

Aber Tatsuo Horiuchi zeigt auf seiner Webseite einige Screenshots von der Entstehung seiner Bilder (leider ist seine Seite nur in Japanisch verfügbar) und liefert damit den Beweis, dass es tatsächlich funktioniert, sonst hätte ich meine Zweifel daran gehabt. Vor allem, nachdem ich einige seiner Werke gesehen habe, die so faszinierend sind, dass es für mich völlig unbegreiflich war, wie man diese außergewöhnlichen Kunstwerke mit einem nüchternen Programm wie Excel erstellen kann.

Der heute 73-jährige Japaner malt nun bereits seit zehn Jahren seine farbenfrohen Bilder mit Excel und hat damit längst internationale Berühmtheit erlangt. Seine Werke werden in Ausstellungen präsentiert und einige davon sind preisgekrönt.

Aber warum hat er sich ausgerechnet für Excel entschieden?

Am Anfang kannte er keine Malprogramme, also hat er es mit Excel versucht.

Eine Idee, auf die nur jemand kommen kann, der eigentlich keine Ahnung von Excel hat – insofern hat ihm seine Unwissenheit geholfen.

Jeder, der das Programm kennt, hätte den Kopf geschüttelt - er hat es einfach probiert und wie man sieht - mit sensationellem Erfolg. Wissen hätte ihn in diesem Fall gehemmt und seine Bedenken geschürt, es war also hilfreich, nicht zu wissen, dass Excel eigentlich nicht das geeignete Malprogramm ist - und damit hat er als Laie alle Excel-Profis ausgetrickst.

Heute kennt er auch andere Programme, sagt aber, dass Paint ihm viel zu kompliziert ist und die anderen Malprogramme ihm zu teuer sind. Also bleibt er bei Excel.

Diese Story zeigt wieder, dass Alter kein Hinderungsgrund ist, eine neue Karriere zu starten, und dass man Unmögliches wagen kann.

Vielleicht ist es manchmal hilfreich, nicht von vornherein zu sagen: Das kann nicht funktionieren. Geht nicht - gibt es nicht!

Und wenn es Ihnen gelingt, mithilfe von Excel in den Kunstmarkt einzusteigen, sollten Sie ernsthaft darüber nachdenken, ob Sie es wagen!

Webseite: http://www2.odn.ne.jp/~cbl97790/

Screenshots von der Entstehung der Bilder:

http://www2.odn.ne.jp/~cbl97790/kakikataHSK07.htm

Beispielbilder:

http://www2.odn.ne.jp/~cbl97790/paint.htm

Strickomas

Strickomas und Häkelomas erleben im Netz einen Boom und auch hier treffen wieder zwei Dinge aufeinander: Man ist nie zu alt für einen Neubeginn und die Story hinter der Geschäftsidee zählt.

Mode von Oma – schließt sich das eigentlich nicht aus? Natürlich nicht und schon gar nicht, wenn es um Selbstgestricktes geht und so erleben die Strick- und Häkelomas im Netz einen regelrechten Run auf ihre Handwerkskunst.

Neben den Klassikern wie Schal, Socken und Pullover bieten die Strickomas auch iPad-Hüllen, Handytaschen, Basecaps, Krawatten oder Gürtel an.

Der Käufer kann selbst kreativ werden und individuelle Bestellungen aufgeben, die dann nach seinen Wünschen gestrickt und gehäkelt werden, oder er sucht sich seine Socken auf der Webseite aus, die dann für ihn handgestrickt werden.

Sieht man sich den Pressebereich von myoma an, dann bestätigt sich, dass die Idee ein voller Erfolg ist. Die Liste der Medien, die über die sympathische Idee berichtet haben, nimmt gar kein Ende.

Und genau das ist sie, die Idee: sympathisch.

Ältere Menschen müssen nicht auf ein Abstellgleis geschoben werden – es gibt vermutlich sehr viele Dinge, die sie sogar besser können als die junge Generation.

Für die Gesellschaft sind sie in jedem Fall eine Bereicherung und ich bin überzeugt davon, dass es neben der Handwerkskunst noch viele andere Dinge geben würde, die älteren Menschen Spaß machen, ihnen eine neue Aufgabe und die Möglichkeit geben, ihre Rente aufzubessern und dem Unternehmen mit ihrer Erfahrung zur Seite zu stehen.

Webseite: http://www.myoma.de/

Nachwort

Ich hoffe, dass ich Sie mit meiner Sammlung von 99 Geschäftsideen inspirieren und Ihnen einige Impulse geben konnte.

Mir ist nach der Recherche noch einmal ganz bewusst geworden, dass man aus der Masse ausscheren muss. Man muss das Rad nicht neu erfinden, aber man muss es besser drehen.

Wenn Sie das machen, was alle machen, oder verkaufen, was alle verkaufen, werden Sie sich Ihren Erfolg mit vielen anderen teilen müssen. Aber wie viele Beispiele in diesem Buch gezeigt haben, gibt es immer Möglichkeiten, Dinge anders zu machen und sich damit vom Wettbewerb abzuheben.

Manchmal muss man Ideen einfach nur weiterdenken, wie es z. B. die Gründer hinter luudoo, dem Shop für personalisierte Spiele, getan haben.

Man kann auch völlig Neues wagen, auch wenn es sich, wie es z. B. im Fall des Müllverwerters aus New York, auf den ersten Blick völlig verrückt anhört.

Wer sich darüber im Klaren ist, dass der Erfolg sich in der Regel nicht über Nacht einstellt und man hart dafür arbeiten und auch dranbleiben muss, wenn es einmal stockt, der ist schon auf dem richtigen Weg.

Aus meiner Erfahrung gibt es einige Punkte, die Sie beherzigen sollten, wenn Sie eine Geschäftsidee umsetzen wollen.

1. Ziele definieren

Zunächst müssen Sie sich darüber klar werden, was Sie eigentlich erreichen wollen und was Sie bereit sind, an Zeit und Geld zu investieren.

Wollen Sie mehr Geld? Mehr Unabhängigkeit? Einen Zusatzverdienst? Womit, wie und wann wollen Sie es erreichen? Wo wollen Sie in einem Jahr stehen, wo in fünf Jahren?

Je klarer Ihre Ziele definiert sind, desto besser!

Am besten machen Sie das schriftlich. Das hat den Vorteil, dass Sie sich intensiv mit Ihrer Idee auseinandersetzen müssen und dabei auch eventuelle Schwachstellen aufdecken.

Ich sichere mich bei neuen Projekten gerne doppelt ab, bevor ich sie der Öffentlichkeit präsentiere. Zunächst schreibe ich alles auf, was mir durch den Kopf schwirrt. Dann lenke ich diese Gedanken in geordnete Bahnen, streiche Überflüssiges und konzentriere mich auf die wesentlichen Dinge. Dann baue ich eine Art „Pyramide". Ganz oben an der Spitze steht mein Ziel, aber bis dahin ist es ein langer Weg.

Zunächst muss ich das Fundament auslegen.

Dazu gehört z. B. die Recherche. Gibt es eine Zielgruppe, wie groß ist diese Zielgruppe, wie kann ich sie erreichen, wie sieht die Wettbewerbssituation aus, was gefällt mir bei den Wettbewerbern und was könnte ich besser oder anders machen usw.

In der nächsten Stufe geht es darum, was alles abzuklären ist, wie z. B. Rechtliches oder Finanzielles. Und so geht es dann Stück für Stück weiter nach oben.

Steht die Pyramide, erkläre ich mir selbst laut den Weg - so als würde ich vor 100 Zuschauern stehen und ihnen meinen Weg vortragen. Dabei merke ich selber sehr genau, wo ein Projekt nicht überzeugend ist und ins Stocken gerät, und dann heißt es, erneut daran arbeiten. Und das mache ich so lange, bis ich mit meinem Vortrag zufrieden bin!

Im Laufe der Zeit werden Sie immer wieder einiges anpassen müssen, aber verlieren Sie Ihr großes Ziel dabei nie aus den Augen.

2. Lassen Sie sich nicht beirren!

Die Masse Mensch ist träge und neidisch.

Viele Ideen, die für uns heute selbstverständlich sind, wurden zu ihrer Zeit belächelt.

Zum Glück haben die Erfinder der Waschmaschine, des elektrischen Lichts, des Autos usw. sich nicht beirren lassen, sonst säßen wir heute noch in dunklen Höhlen!

Wenn Sie Ihre Ideen mit anderen teilen wollen, suchen Sie sich erfolgreiche Menschen, die es bereits geschafft haben.

Menschen, die keinen Ehrgeiz haben und selbst nur von dem großen Erfolg träumen, ohne jemals etwas dafür zu tun, werden Sie nicht unterstützen, weil Sie mit Ihren Ideen an ihrer Komfortzone rütteln und ihnen Angst machen, dass SIE es schaffen könnten, während sie selbst auf der Stelle treten.

Bewusst oder unbewusst werden sie Ihnen Steine in den Weg legen, Bedenken äußern „... wenn die Idee so gut ist, warum hat das noch keiner vor dir gemacht ...“ (denken Sie dann an das erste Auto, das erste Flugzeug, den ersten Flug zum Mond) und versuchen, Sie zu demotivieren.

Sie wollen nicht, dass Sie es schaffen, während sie selbst nie den Mut hätten, sich auf etwas Neues einzulassen.

Ein Beispiel:

Onassis ist als 16-jähriger Flüchtling nach Argentinien emigriert und hat dort als Kurier, Telefonist und Hotelpage seinen Unterhalt verdient.

Den Grundstein zu seinem Vermögen bildeten 60 Dollar, die er damals in türkischen Tabak investierte. Er war der Erste, der türkischen Tabak nach Argentinien einführte, und verdiente damit seine ersten 100.000 Dollar!

Was glauben Sie, wie viele Leute den Kopf geschüttelt und behauptet haben, man bräuchte in Argentinien keinen türkischen Tabak, wo man doch Tabak bereits aus Kuba und den USA beziehen konnte? (Wenn die Idee so gut wäre, hätten es doch andere längst gemacht ...) Ich bin sicher, dass viele dieser Leute, die einst den

Kopf über Onassis schüttelten, ihm später liebend gerne die Hand geschüttelt hätten.

Wenn Sie also mit Menschen über Ihr Projekt reden möchten, dann reden Sie nur mit denen, von denen Sie genau wissen, dass sie Ihnen den Erfolg von Herzen gönnen. Menschen, die ehrlich zu Ihnen sind und sich auch trauen, Kritik zu äußern, weil es etwas zu verbessern gibt, aber nicht weil sie Ihnen den Erfolg nicht gönnen würden.

Lassen Sie sich auch später von Kritikern nie entmutigen.

Sie werden es niemals jedem Menschen recht machen können, auch dann nicht, wenn Sie eines Tages erfolgreich sind.

Chris Guillebeau, ein erfolgreicher Unternehmer und Autor, hat einmal eine Geschichte erzählt:

Er hatte ein E-Book tausendfach verkauft (und davor auch schon viele andere), und dann kam ein Leser, der unzufrieden war und die Geld-zurück-Garantie eingefordert hat.

Konstruktive Kritik kann ja durchaus hilfreich sein, also fragte er den Leser, warum ihm das Buch nicht gefallen hat. Der Leser erklärte ihm dann, dass man so kein Buch schreiben könnte und er gerne bereit wäre, ihm dabei zu helfen, ein Buch zu schreiben, das sich auch verkaufen würde.

Chris Guillebeau hat ihm das Geld zurückerstattet und keine weitere Zeit in endlose Diskussionen investiert. Man muss sich nicht alles zu Herzen nehmen, es sei denn, es gibt berechtigte Kritik, aus der man etwas lernen kann. Dann sollte man Größe zeigen und zugeben, dass ein anderer Weg vielleicht der bessere wäre.

3. Dranbleiben

Lernen Sie von den Kindern.

Bevor Kinder lange Spaziergänge machen können, müssen sie laufen lernen.

Dabei fallen sie x-mal hin und stehen wieder auf. Wieder und wieder bis sie es können!

Sie kennen noch keine Einschränkungen, niemand ist da, der sie entmutigt und ihnen sagt, dass es chancenlos ist. Im Gegenteil. Kinder werden von allen Seiten ermutigt, wieder aufzustehen! Und so stehen sie auf und fallen hin und stehen auf, bis sie es geschafft haben!

Auch Sie werden vielleicht stolpern oder sogar hinfallen - wichtig ist, dass sie wieder aufstehen. Und wenn es sein muss, wieder und wieder und wieder!

Sebastian Vettel ist nicht in einen Kart gestiegen und Formel-1-Weltmeister geworden.

Dazwischen lagen Jahre unendlich vieler Niederlagen, Crashs und Rückschläge, aber er ist drangeblieben und er hat es geschafft!

Selbst Fußball-Weltmeister kassieren Tore und stecken Niederlagen ein.

So funktioniert alles im Leben. Man muss nur dranbleiben!

Es gibt immer wieder Beispiele von zündenden Geschäftsideen, die dann leider auch wieder schnell verglühen, weil die Unternehmer dahinter enttäuscht sind, dass sich der Reichtum nicht über Nacht eingestellt hat. Sie verlieren dann die Lust und stürzen sich auf eine neue Idee, die dann vermutlich auch nicht den schnellen Reichtum bringt.

Wenn Sie Ihre Ziele klar definiert haben und von Ihrer Idee überzeugt sind, arbeiten Sie daran, bis Sie Ihr Ziel erreicht haben.

4. Disziplin

Die deutsche Tugend!

Ohne Disziplin geht gar nichts!

Wie oft wäre Wimbledon-Siegerin Marion Bartoli als Kind sicher lieber mit ihren Freundinnen schwimmen gegangen oder Sebastian Vettel mit seinen Kumpels feiern.

Das eine oder andere Mal muss man sich das sicher auch gönnen, aber wenn man ganz nach oben will, muss man aus der Masse Mensch ausscheren und dazu gehört es eben auch, sein Leben etwas anders zu gestalten als der Durchschnitt.

Sie müssen Zeit investieren, um Ihre Ziele zu erreichen, und dabei diszipliniert vorgehen.

Jeder Zwischenstopp verlängert den Weg zum Ziel.

Als ich angefangen habe, dieses Buch zu schreiben, habe ich einen ganz klaren Zeitplan erstellt und das Datum festgelegt, an dem es fertig werden sollte.

Ich habe für jeden Tag eine Mindestzahl an Wörtern, die ich schreiben wollte, eingeplant und einen Joker eingebaut, denn abgerechnet habe ich jeden Sonntag. Das bedeutet, dass ich jeden Sonntag die zuvor festgelegte Wortanzahl abliefern musste. Dadurch konnte ich einen schlechten Tag noch rechtzeitig ausgleichen, wenn ich am nächsten Tag mehr geschrieben habe.

Auf den Tag genau habe ich es fertiggestellt und anders funktioniert es bei mir nicht.

Ohne diesen konkreten Zeitplan würde ich noch nächstes Jahr daran sitzen und hätte vielleicht schon längst neue Ideen im Kopf, die ich lieber umsetzen wollen würde.

So zwinge ich mich selbst zur Disziplin, auch wenn es Tage gibt, an denen mir die Lust fehlt.

Am Ende bin ich dann doch stolz, es geschafft zu haben!

5. Stabile Basis schaffen

Langfristiger Erfolg steht auf einer stabilen Basis.

Wie ein Haus zunächst ein Fundament braucht, muss der Erfolg eine solide Basis haben.

Viele Lottomillionäre verlieren z. B. ihr Geld wieder, weil die Basis nicht stabil ist.

Sie haben keine Ziele, keine Ideen, keine Disziplin und überschlagen sich mit ihren Aktivitäten. Hier Geld, da Geld, dort Geld und plötzlich ist alles wieder weg.

Gleiches beobachtet man bei „Eintagsfliegen“ aus dem Showbusiness wie z. B. Deutschland sucht den Superstar oder aus anderen Formaten.

Tage, Wochen, Monate in der Presse und dann sind sie plötzlich wieder verschwunden - weg!

Ein großer Wurf, von den Kritikern gelobt und nicht drangeblieben, keine Disziplin entwickelt, sich auf den Lorbeeren ausgeruht, keine weiteren Ziele entwickelt und schon ist die Karriere wieder beendet.

Ein perfektes Beispiel dafür, wie man es besser macht, liefert der in dem Buch vorgestellte Metzgermeister Böbel mit seiner personalisierten Wurst, seinen Wurstbriefen und seiner Firmenwurst.

Er ruht sich nicht auf seinen Erfolgen aus und vergrößert mit jeder neuen Idee nicht nur seine Bekanntheit und damit seinen Kundenkreis, sondern auch den Abstand zu seinen Mitbewerbern.

Ich wünsche Ihnen von Herzen, dass Sie Ihre Ziele umsetzen können, und verabschiede mich von Ihnen mit einem Zitat meines Lieblingsphilosophen Seneca, der vor mehr als 2000 Jahren gelebt hat:

"Nicht weil es schwer ist, wagen wir es nicht, sondern weil wir es nicht wagen, ist es schwer."

Über die Autorin

Marion von Kuczkowski startete 1986 ihre Unternehmerkarriere mit einem Sonnenstudio. Später kam dann zum Sonnenstudio eine Damenboutique dazu, bevor sie 1999 das Internet für sich entdeckte und von der Unabhängigkeit und der Freiheit, die das Internet bieten konnte, fasziniert war.

Sie startete ihre Internetkarriere bei eBay USA und erhielt 1999 als eine der ersten Deutschen den Powerseller-Status. Im Jahr 2000 wurde Frau von Kuczkowski als erste Deutsche in die eBay-Elite aufgenommen, den Kreis der Top-500-Seller der Welt (heute PESA).

2002 schrieb sie das erste deutsche Buch zum Thema eBay „Powerselling mit eBay", 2004 folgte der „eBay Taschenguide". Beide Bücher wurden zu Bestsellern.

2012 erschien das Buch „99 eBay-Umsatzmillionäre".

Von 2002 bis 2007 war Marion von Kuczkowski externe eBay-Trainerin auf den eBay Universities, der eBay Live und vielen IHK-Workshops zum Thema eBay. Seit 2002 berät und begleitet sie Unternehmen und Powerseller bei ihren eBay-Aktivitäten. 2006 war sie Initiatorin des weltweit ersten Produktlaunches auf allen eBay-Marktplätzen der Welt.

Seit 2009 schreibt sie täglich auf ihrem Blog „take-me-to-auction" über News zum Thema eBay, Amazon und E-Commerce-Themen im Allgemeinen.

Daraus abgekoppelt entstand 2010 ein weiterer Blog „millionärinnen", der den Fokus auf Trends, Innovationen, Geschäftsideen und außergewöhnliche Produkte setzt und den Grundstein für die Entstehung des vorliegenden Werkes „99 Geschäftsideen" legte.

3844807R00126

Printed in Germany
by Amazon Distribution
GmbH, Leipzig